中国信用保证保险
2.0实践手册
China Credit and Guarantee Insurance

谷 伟　高 翔◎著

中国出版集团
中译出版社

图书在版编目（CIP）数据

中国信用保证保险：2.0 实践手册 / 谷伟, 高翔著 . -- 北京 : 中译出版社, 2023.8
ISBN 978-7-5001-7450-9

Ⅰ. ①中… Ⅱ. ①谷… ②高… Ⅲ. ①信用保险—中国—手册 Ⅳ. ① F842.682-62

中国国家版本馆 CIP 数据核字（2023）第 146619 号

中国信用保证保险：2.0 实践手册
ZHONGGUO XINYONG BAOZHENG BAOXIAN: 2.0 SHIJIAN SHOUCE

著　　者：谷　伟　高　翔
策划编辑：于　宇　纪菁菁
责任编辑：于　宇
文字编辑：纪菁菁　于　宇
营销编辑：马　萱　钟筏童

出版发行：中译出版社
地　　址：北京市西城区新街口外大街 28 号普天德胜大厦主楼 4 层
电　　话：（010）68002494（编辑部）
邮　　编：100088
电子邮箱：book@ctph.com.cn
网　　址：http://www.ctph.com.cn

印　　刷：固安华明印业有限公司
经　　销：新华书店
规　　格：710 mm×1000 mm　1/16
印　　张：18.75
字　　数：189 千字
版　　次：2023 年 8 月第 1 版
印　　次：2023 年 8 月第 1 次印刷

ISBN 978-7-5001-7450-9　　　　　定价：79.00 元

版权所有　侵权必究
中　译　出　版　社

序 一

一直以来,我国缺乏对信用保证保险的系统性研究,尤其是实务方面的研究大大落后于实践。究其原因,一方面,我国引入商业化信保业务的时间较晚,信保业务虽然构成了财产保险的单独类型险种,但早期规模不大,保险公司重视度不足,理论研究偏少;另一方面,我国信用保证保险有一定的"特殊性":与欧美国家不同,我国将信用险和保证险概念进行了统一,但历史原因导致保证险又不适用于《中华人民共和国担保法》(简称《担保法》),必须在《中华人民共和国保险法》(简称《保险法》)框架下探索新的法理路径,无法照搬照抄国外成熟理论体系。

信用保证保险作为以信用为保险标的的险种,其金融属性和社会价值潜力巨大:其具有独特的保险风险分散机制,在服务商业信用、促成商业交易和流通方面优势突出;而保险的主动风险减量管理功能在降低全社会信用成本方面作用明显……信用保证保险有望成为我国信用体系的重要组成部分,在促进国内国际双循环、推动普惠金融拓深扩面、加快国内消费复苏方面发挥更大的作用。

随着近二十年来信保业务的快速发展，尤其是融资性保证险业务规模的迅速扩张，信保业务在成为财产险公司重要险种的同时，也因剧烈的发展波动为保险公司的经营带来了管理难题。财产险公司应该加大对信保业务的本源理解与价值探究，深刻反思发展问题，引入创新型金融科技手段并运用到业务管理之中，探索更加符合市场需求的新业务发展方式，进一步增强保险业对信用经济的推动作用，促进信用保证保险的健康发展。

谢平
中国投资有限责任公司原副总经理

序 二

信用保险和保证保险最早起源于航海贸易发达之欧洲和现代保险制度集大成之美国，发展至今已有上百年时间，其诞生于现代商业信用蓬勃发展时期，是伴随风险转嫁和增信需求而自然诞生并不断完善的一种金融制度安排，是现代金融市场中的重要组成部分。

20世纪80年代，我国引入信用保险和保证保险产品，并不断与本土金融需求结合、衍生形成独特的、有别于西方国家的新颖形式，同时形成了具有中国特色的监管框架和配套法律体系。中国保险监督管理委员会最早于2017年发布《信用保证保险业务监管暂行办法》，中国银行保险监督管理委员会后于2020年正式发布《信用保险和保证保险业务监管办法》，并配套发布融资性信保业务保前和保后操作指引。自此，我国的信用保证保险尤其是融资性保证险业务走上规范发展道路。

信用保证保险在我国出口贸易领域占据重要地位，并越发成为我国普惠金融的重要组成部分。截至2022年年末，我国出口信用保险累计支持的国内外贸易和投资规模超过7万亿美元，为超过28万家企业提供了信用保险及相关服务，累计向企业支付赔款194亿美元，累计带动近300家银行为出口企业提供保单融资支持超过4万亿元；截至2022年年末，我国融资性保证险为不少于5.8万亿元的融资业务提供了风险保障和增信服务，在我国普惠小微贷款中占比10%以上。

然而，融资性信保业务的本质决定了其较之信贷产品更复杂的产品逻辑和更高的利率水平，导致大众误解不断。在日趋严格的外部监管环境下，我国的信保机构一方面要严格按照监管要求做好销售规范和客户教育工作，另一方面应主动向小微企业融资、三农金融等普惠金融服务的深水区探索实践，充分发挥如"政银保"一般的保贷联动作用，利用自身灵活、快速的市场机制，推动甚至引领信贷服务创新，进而带动互联网保险水平的快速提升。

魏晨阳
清华大学金融科技研究院副院长
清华五道口中国保险与养老金研究中心主任
清华五道口全球不动产金融论坛秘书长

序 三

信用保证保险，在财产险各险种中是一个特殊的"存在"：由于涉及基础合约，其三方保险关系较传统险种之两方关系天然具备"复杂性"；由于以信用为保险标的，其底层资产和信用履约"义务人"伴随着大量的道德风险、操作风险和欺诈风险，以"大数法则"为基础原理的保险精算逻辑显然无法适用……

我国的信用保证险在全球信保市场中又是一个特殊的"存在"：不同于欧美的单独展业与独立监管，我国创新性地发现了信用险与保证险的内在关联逻辑，并在融资性业务中实现了一定程度的"合并"与"统一"；不同于国外保证险属于保证担保范畴的业务特点，我国的保证险走出了一条在《保险法》法律框架下具有中国特色的执行操作之路。

一直以来，我国对于信用保证保险的特殊之处认识不深，重视度不够，多年来的展业操作偏离了业务本质与客观发展规律，以致即使取得了许多暂时的成绩，也终究逃不出反复回调的历史命运。

深入理解信用保证保险的业务本质和优势特点，有助于清楚辨明当前发展之问题与偏颇，找到正确的展业打法与发展方向，这不仅符合金融机构回归本业的监管初衷，也是新的经济形式下各行各业走出困境、守正出新的必然选择。

  谷伟先生和高翔先生的这本书首次对上述行业发展的重大问题进行了深入讨论，我十分赞同其中对我国信用保证保险特殊性的认知与判断。此外，本书运用大量的数据和翔实的案例辅助印证若干观点，证据确凿，观点令人信服。

  十分庆幸时隔14年再次看到有关信用保证保险行业的成体系论著，更加令人惊喜的是，我们首次看到了对行业历史与发展现状的数据分析、中外发展对比研究、问题与成因探究、优秀案例与行业政策研判以及针对具体险种和保司打法的若干建议，角度新颖、数据翔实、内容全面，可为政策制定者、行业从业者、理论研究者提供难得的研究视角和宝贵的知识输入，更为行业发展的正本清源和重新出发指明了方向！

周桦
中央财经大学保险学院院长
中国精算研究院院长

序 四

让信保业务回归服务商业信用的本质

党的二十大报告指出，坚持把发展经济的着力点放在实体经济上。保险业作为我国金融业的重要组成部分，应进一步回到服务实体经济的发展大局中来，大力发展服务"三农"领域的普惠保险，加强小微企业和弱势群体金融服务，切实促进共同富裕。

作为我国保险业和信用体系的重要组成部分，信用保证保险走出了一条具有中国特色的发展之路。自有统计的2010年以来，我国信保业抓住了汽车金融、国内消费市场和信贷线上化的发展机遇，保持了年均20%的增长率，信用保证保险已然成为历史累计第三大财险险种，在我国以银行为主的金融业中发挥了重要补充作用。

但进入2020年以来，受全球公共卫生事件带来的经济下行、民间借款终端价格的持续走低以及过往高速发展的遗留问题影响，我国信保业遭遇有史以来的最大行业回调：2021年行业保费收入环比下降

31%，行业利润持续下降并有转负趋势。行业风险尚未出清完毕，新增业务缺乏方向，业务线大规模裁撤，行业信心遭受空前打击。

上述问题与经营方式过于粗放有关，更与融资性保证险占比较高且风险集中暴露密切相关，从根本上反映出行业普遍存在的对信贷类业务客观认识不深、敬畏心不足的问题。反思发展，需要回归本源。我们知道，信用险和保证险是商业信用的产物，是为消除商业贸易过程中的信息不对称、解决风险缓释问题而诞生的。而借贷信用仅是商业信用的组成部分，如果仅将目光集中于信贷领域，则会落入"视野不宽—发展局限"的囚徒困境。信保业唯有回归服务商业信用的本质，才会打破当前发展桎梏，重拾增长信心。

一、推动贸易信用险创新拓面，消除贸易信息不对称

"一带一路"伙伴国家和自由贸易试验区的快速扩容为国际贸易项下服务提供重大发展机遇。当前国际贸易信息不对称情况严重，出口企业存在大量应收账款安全性顾虑，进口企业则对商品质量、持续供货能力和进口融资需求旺盛，信保业务中的出口贸易信用险、产品质量保证保险及相关咨询与融资保证业务是满足相关需求的首要选择。

然而从供给侧看，我国出口贸易信用险尚以政策性机构为主，市场化机构参与程度不高，且信用险与信贷融资间存在对接不畅的问

题，需要国内信保业认真分析风险"断层"，用保险原理弥补风险敞口，推动出口信用险与信贷融资双循环；努力发展海关保证保险，鼓励国内跨国企业发挥核心作用，积极参与进出口保险市场和行业咨询业务。

国内贸易存在同样的问题，只是需求重点转变为贸易项下的融资问题。虽然国内有大量机构从事该业务，但银行的准入门槛和成本较高，保理行业小而分散，国内贸易信用险具有突出价值却尚未发挥出来。信保机构应抓住国内经济复苏机遇，努力提高不同行业认知和风险管理水平，利用风险分散和容忍度高的优势特点，在国内贸易链条中占有一席之地并发挥好补充作用。

二、发展工程保证保险促进房地产和建筑业的企稳回升

在国外，保险公司一直是工程建筑领域的重要参与者，工程保证系列保险因担保范围广、成本低、效率高，为工程项目实施提供了重要且全面的履约保障。

在我国，工程保证保险刚刚起步，但发展势头强劲：投标保证保险、履约保证保险、农民工工资支付保证保险和维修保证保险展现出对银行保函和担保公司保函的较强替代性，在工程质量保证领域，更能够填补市场空白。

信保业应以投标保证保险和农民工工资支付保证保险为突破口，

努力提升工程项目施工与过程监督专业性，不断渗透工程合同履约、工程质量保证等专业领域，以灵活的风险缓释机制、主动专业的监督行为保障房地产业和建筑业的企稳回升。

三、采用履约保证保险、质量保证保险和维修保证保险推动国内消费市场复苏

国内消费的恢复，一方面与大众经济预期和收入预判的修复相关，另一方面也受到了消费者对产品质量与售后服务顾虑和担忧的层层阻碍。在此过程中，信保产品可以发挥独特的品牌增信和质量履约保证作用。比如单一用途预付卡保证保险可以打消消费者存值、储值顾虑，促进消费额扩大；质量保证保险可以对商品质量进行增信加持，为企业产品不达标的违约责任对消费者进行赔偿；维修保证保险则可以显著提升售后服务选择项，降低消费者维权成本，提升品牌好感和使用满意度。

四、用风险减量管理降低各行业运行代价

风险减量服务既是保险业社会价值的重要体现，也是保险业高质量发展的必然要求。提升"防"的能力、"减"的实效和"救"的服务，是保险业区别于其他金融组织方式的显著特点。保险公司应从深

入各行各业运行机制的优势出发,以务实态度和切实手段前置减险、合规控险、精算计险、稽查化险、处置出险,控降社会和行业的整体风险水平。

例如,我国已经形成了全球第一大公路运输市场,但因货运市场分散、管理难度大、数字化水平低、企业精细化运营能力差等原因,事故率和死亡率居高不下。ADAS(Automatic Data Acquisition System,自动数据采集系统)的全国推广为保险公司风险减量管理提供可靠抓手,通过最大限度汇集车辆运行数据、交管系统和保险数据,保险公司可以打造智能驾驶风险管理体系,实现对单车的风险预测、过程监管、事故反欺诈等智能操作。以此为基础的车辆司机行为数据,加之货运价格数据,可实现如车辆分期、司机创业贷款保证险等在内的对运输企业和司机车主更广泛价值赋能。

保险公司通过积极融入"产业数字化""数字产业化",利用数智手段提高信保业整体风控水平与管理效率,将是信保业持续经营和健康发展的必然选择,可为践行"数字经济"国家战略提供独特价值和良好示范。

陈振
车晓科技创始人、董事长兼 CEO

目　录

第一章　概念与内涵

　　第一节　信用保证保险的概念与内涵 / 003

　　第二节　信用保险与保证保险的概念演变 / 006

　　第三节　保证保险的独特性 / 008

第二章　产生与发展

　　第一节　信用保险的产生与发展 / 019

　　第二节　保证保险的产生与发展 / 020

　　第三节　我国信用保险发展历程 / 022

　　第四节　我国保证保险发展历程 / 024

第三章　现状与问题

　　第一节　美国信用保证保险市场现状 / 031

　　第二节　我国信用保证保险的种类 / 039

　　第三节　我国信用保证保险业历史发展概况 / 041

　　第四节　我国信用保证保险发展现状 / 051

　　　　第五节　问题与原因剖析 / 060

　　　　第六节　本章小结 / 066

第四章　监管政策研究

　　　　第一节　信用保证保险监管演变历程 / 071

　　　　第二节　信用保证保险监管要义 / 086

　　　　第三节　互联网保险监管要义 / 112

第五章　牌照价值与潜力

　　　　第一节　市场有需求 / 123

　　　　第二节　牌照有价值 / 130

　　　　第三节　信用保证保险的历史机遇 / 140

　　　　第四节　业务实践分析——以某保险公司为例 / 152

第六章　信保机构发展建议

　　　　第一节　场景选择与产品设计 / 163

　　　　第二节　消费金融与流量 / 171

　　　　第三节　企业融资与国内贸易信用险 / 183

　　　　第四节　工程保证保险 / 188

　　　　第五节　三农金融与两险融合 / 207

　　　　第六节　车险分期保证保险 / 216

第七节　场景风控与量化风控 / 227

第八节　数据合规与助贷断直连 / 233

第九节　客群定位与价格管理 / 255

第十节　资方选择与战略合作 / 260

第十一节　线上信贷技术与总部直营 / 263

第十二节　线下团队管理 / 265

参考文献 / 279

第一章

概念与内涵

第一节　信用保证保险的概念与内涵

信用保证保险是以信用为保险标的的保险,是信用保险和保证保险的统称。信用保险是指由权利人发起,就义务人的信用向保险人(即保险公司)投保,如义务人不能偿还权利人损失时,由保险人代为赔偿的保险。保证保险是指由义务人发起,就义务人自身的信用向保险人投保,如不能补偿权利人损失时,由保险人代为偿还的保险。

按照《信用保险和保证保险业务监管办法》的定义,信用保险的信用风险主体为履约义务人,投保人、被保险人为权利人;保证保险的投保人为履约义务人,被保险人为权利人。

为便于理解,我们以常见的融资性信用保证保险为例,介绍两种保险的异同。一般情况下,权利人和义务人是借贷的甲乙双方,信用保险是指放贷机构(权利人,也即债权方)就借款人(义务人,也即债务方)的还款风险向保险公司投保的险种;保证保险是借款人(义务人，也即债务方）就自身还款风险向保险公司投保的险种。

两个险种的相同之处在于，都是保险公司对借款人的还款风险进行保险和增信，受益人均为放贷机构，保险标的一致，经济基础相同。两者的不同之处在于涉及的当事人不同，信用保险只涉及权利人（债权方）和保险人（保险公司）两方，权利人既是投保人又是被保险人（见图1-1）；而保证保险的当事人涉及保险人（保险公司）、权利人（债权方）和义务人（债务人）三方，义务人既是被保证人，又是投保人（见图1-2）。当然，借贷关系是最为常见的信用方式，以银行信贷占主导，其他形式还有商业信用，包括由贸易链上因赊销而产生的延期付款、因采购产生的预付款等。以商业信用为基础的信用保险和保证保险同样围绕着债权债务关系或保证与被保证关系展开，因权利人、投保人和参与当事人的不同而应用有所不同。

在保险实务中，信用保险和保证保险的差异主要表现在对义务人的风险管控和缓释方面。保证保险项下，由于义务人是就自身的信用水平或偿还能力向保险公司申请投保增信，保险公司需要对义务人的资信水平和风险情况进行分析判断，不好判断时惯用的操作是要求义务人提供反担保。此时的业务类似于担保，义务人的风险或损失并未发生转移（尚在义务人侧）。而信用保险项下常因义务人不便告知或不能告知等原因，保险公司无法对义务人进行尽职调查（简称"尽调"）与风险判断，在某些情况下，甚至义务人对投保信用险之事毫不知情，保险公司承担了义务人实实在在的风险转移。

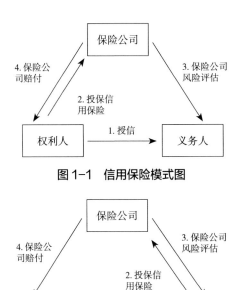

图 1-1　信用保险模式图

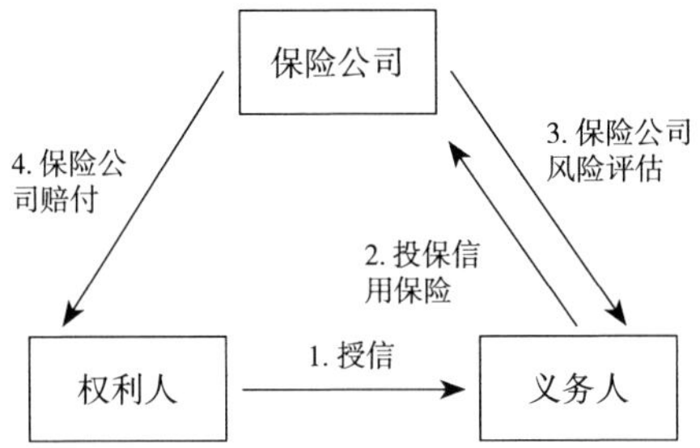

图 1-2　保证保险模式图

两种情形下，保险公司承担的风险暴露水平不一：由于信用险对义务人的约束较弱，损失发生后往往缺少抓手，风险常常较高；而保证险由于尽调充分，并有反担保处置等缓释措施，风险相对较低。由此导致的保单出具方式与严格程度不同：信用险要出具详细保单并明确规定双方的责任范围、除外责任、保险金额、责任限额、保险费、损失赔偿、双方权利义务等；保证险往往只需出立保单（通常内容简单，只规定重点事宜）。保险人收取的保费也不尽相同：由于保证保险具有担保性质，义务人交付的费用实则是一种担保费，是对保险公司出具增信的报酬；而信用保险保费则属于承担风险的对应价金。

第二节　信用保险与保证保险的概念演变

我国的信用保证保险是舶来品，早期均是一个个险种单独引入的。

改革开放后，国家为了满足外国投资者、中外合资企业对国内企业出口贸易的刚性需求，专门引入了出口信用保险，并配套进出口货物运输保险和远洋船舶保险等保证险产品。1993年，平安保险公司［中国平安保险（集团）股份有限公司前身，以下简称"平安保险"］与国家技术监督局就开展"产品质量保证保险"达成合作意向；1997年，人民银行批准平安保险试办汽车分期付款销售保证保险，拉开了保证保险支持融资信贷的序幕；2003年，平安保险联合科法斯（Coface）首次引入了国内贸易短期信用保险产品。尔后，时任金融监管部门根据实际业务需求，又陆续批准了产品质量保证保险、雇员忠诚保证保险、汽车分期付款销售保证保险、机动车辆消费贷款保证保险乃至个人购置住房抵押贷款保证保险等险种。

通过国内外对比研究发现，国外并无信用保证保险这一合并归集的说法，有的只是一个个险种的单独统计。比如在美国，属于我国信用保证保险概念范畴的险种就有保修保险（Warranty）、按揭保证保险（Mortgage Guaranty）、信用保险（Credit）、担保（Surety）、金融保证保险（Financial Guaranty）等。

其实，最早我国相关法规和行业政策制定者并未作统一。1985年

3月3日中国国务院制定发布了《保险企业管理暂行条例》，其中在名词解释部分提到"人身保险以外的各种保险业务指财产保险、农业保险、责任保险、保证保险、信用保险等业务"。这是我们发现的最早提及相关概念的政策法规，该条例对保证保险和信用保险进行了分别列示。

替代该条例的《保险法》一直沿用了分别列示的方法，直到2008年，终于在当时的中国保险监督管理委员会（简称"保监会"）《关于做好2008年农业保险工作保障农业和粮食生产稳定发展的指导意见》（保监发〔2008〕22号）中出现了信用保证保险的提法。

随着学术界的不断思辨以及业界对中小微企业融资、三农贷款等重点产品的支持和创新，二者逐渐出现了合并的发展趋势。直至保监会于2013年颁布《保险公司业务范围分级管理办法》（保监发〔2013〕41号），信用保证保险才正式作为一个整体业务进行单独分类，对后续的监管统计和保险公司机构设置形式产生了巨大影响。

2015年，保监会、工业和信息化部、商务部、中国人民银行、中国银行业监督管理委员会（简称"银监会"）五部委联合发布《关于大力发展信用保证保险服务和支持小微企业的指导意见》（保监发〔2015〕6号），在鼓励发挥信用保证保险积极作用的同时，给予了更多的政策支持。商务部对于从事国内贸易融资的信用保证险甚至给予了保费补贴，行业步入高速发展阶段。2020年，中国银行保险监督管理委员会（简称"银保监会"）陆续对外发布了《信用保险和保证保险业务监管办法》《融资性信保业务保前管理操作指引》《融资性信保业务保后管理操作指引》，对我国保险公司信保业务运营与管理进行规范，为行业的稳定、健康发展划清了赛道。

信用保险和保证保险能够统一的根本原因是二者保险标的的共通性——以信用风险为保险标的。此处的信用是指广义信用，即诚实守信、遵守诺言、实践成约等道德准则及行为规范，同时包含信贷、买卖等经济活动关系下的债权人和债务人的权利义务关系这一狭义理解。如此方能将融资性保证保险、出口信用保险与雇员忠诚保证保险、工程履约险、产品质量保证保险等险种全部统一于信用保证险概念之下。然而从实际操作看，由于其中各险种之间业务本质与风险类型相差较大，保险公司多是由不同部门负责不同险种进行分头展业。常见的分类方式是：出口信用险为一类，内贸险和对公融资保证险为一类，个人保证险为一类。

第三节　保证保险的独特性

一、与传统财产险种的区别

保证保险自诞生之初便具有独特性。

传统财产险种只包含两方当事人：保险人和被保险人。当保险合同约定的保险事故发生后，保险人按照合同约定对被保险人进行赔付。

由于信用保险和保证保险以信用为保险标的，而现代信用的载体是商业合同，因此投保人与保险公司签订的信用保险或保证保险合同均会涉及承载信用的基础合同。基础合同又会涉及履约义务人和权利人。因此，保证保险总会涉及三方当事人：基础合同的权利人（被保险人）、义务人（投保人）和保险公司（保险人）。此时的保险合同是义务人与保险公司签订的。

除此以外，信用保险和保证保险所承保的风险也与传统财产保险不同。传统财产保险中的风险是偶发的、不确定的、客观的，保险公司通过大数法则和保险精算对历史风险发生概率和赔付情况进行统计分析，推算出保险保费。由于信用保险和保证保险的基础合同往往涉及个体信用或企业商业信用，其人为因素占比很高，在导致违约的风险事件中欺诈、故意隐瞒等主观道德风险占有很大比重，风险发生概率因个体不同差异很大，仅通过大数法则和保险精算无法真实还原风险情况，必须通过尽职调查进行风险评估，以确定合适的保费。

即便存在诸多特殊性，保证保险依然属于财险保险的范畴。美国担保协会同样认为：保证保险虽然与传统财产保险有严格区别，但仍然是一种特殊的财产保险。欧美等国均将保证保险作为重要财产保险险种之一。

二、与保证担保的历史纠葛

保证保险自诞生以来就与保证担保有着千丝万缕的联系，二者甚至被认为本质相同。在美国，保证保险与保证担保属于一个行业，保险公司可以从事担保业务。若是为了业务上的清晰划分，常见的操作是在保险公司下设保证保险公司或担保公司专门从事担保业务。

在我国，对于保证保险和保证担保的关系，一直存在争论，关于保证保险的定性问题，有过担保论、保险论和二元论等观点看法。从早期的法院判例、监管文件表述看，当时普遍认为保证保险是一种担保业务。转折点发生在1995年，《保险法》和《担保法》先后印发生效，保证保险作为兼具保险和担保性质的一项业务，必须面临两个法律框架的选择。

1999年8月，保监会在《关于保证保险合同纠纷案的复函》（保监法〔1999〕16号）中回复了最高人民法院有关保证保险的概念与定位："保证保险是财产保险的一种"，变向承认了其归属《保险法》管辖的法律定位。2004年，保监会《关于规范汽车消费贷款保证保险业务有关问题的通知》（保监发〔2004〕7号）进一步明确："严禁将车贷险业务办成担保业务"，进而在法规层面对保证保险与保证担保的关系进行了明确。2009年，保证保险的定性问题进一步上升至法律层面：《保险法》（2009年修订版）明确了"财产保险业务，包括财产损失保险、责任保险、信用保险、保证保险等保险业务"。自此，保证保险在我国的法律法规定位中正式与保证担保区分开了。

三、与保证担保的区别

明确不属于保证担保行为的定位,是我国保证保险区别于其他国家保证保险的一个典型特征,这导致了业务实操无法借鉴参考美国等国家的现有操作,只能自我探索出一条具有中国特色的发展之路。在此,作者略过曾经反复讨论的中间环节(详见第二章第四节和第四章第一节),只对最终结论进行分析,梳理出保证保险与保证担保的几大不同之处。

(一)监管制度与适用法律不同

保证保险适用于《保险法》,只有保险监管部门批准享有保险业务经营权的财产保险公司或专营保险机构,才能成为保证保险合同的保险人,才能出具保证保险。保证担保中的保证人不是特许经营,根据《担保法》规定,明确禁止以外的一切自然人、法人和其他组织都可以作为保证人。

1. 适用法律不同,要求要素不同

我国的保证保险合同具备《保险法》第19条规定的各合同要素,包括投保人、保险人、被保险人、保险责任、除外责任、保险金额、保险费等。保证担保的合同要素通常很简单,仅包括保证人、被保证人、债权人、保证方式和保证的金额等。

保证担保合同是一种单务合同，保证人只是单方向向权利人提供保证义务，并没有要求债权人给付等相关权利，也就是债权人不对保证人承担义务。而保证保险合同属于双务合同，被保证人（义务人）要得到保险人（保险公司）的信用保障权利，就必须向保险人支付保费；保险人收取保费后，对应承担保险标的受损后的赔偿义务。这点暗合了英国保险法学者的看法：保险与保证两者动机不同，一者在于利润，一者在于友谊。

保证保险的投保人或被保证人（义务人）除了缴纳保费外，还要依据保险合同约定，承担相应的法律义务，包括但不限于：维护保险标的安全的义务、保险标的危险程度增加后的通知义务、保险事故发生时防止或减少损失的义务等。这一点在保证担保合同中并不常见。

2. 与基础合同的法律关系不同

保证保险合同是保险人（保险公司）和被保证人（投保人，也即义务人）订立的独立合同，其与权利人和义务人签订的基础合同之间是独立关系，并不具有从属性。只要保险关系成立，义务人（投保人）就要缴纳保费；保险人赔付的前提是发生保险事故，而保险事故往往是义务人未按照基础合同履约从而造成权利人的损失。

保证担保合同是债权人和债务人所签订的基础合同的附属合同（或称从合同），其效力取决于基础合同的效力，其所担保的债权范围、债务履行及权利转移等方面均从属于基础合同。

（二）风险识别和化解机制不同

在实操中，保证担保合同的担保人往往是与债务人有着千丝万缕的联系，可能是亲朋好友，也可能是生意伙伴，大都是非常了解债务人的自然人。担保人为确保债权顺利实现，自愿为债务人提供担保。即便对于专门从事担保业务的第三方担保公司来说，其也是非常熟悉该行业、该领域，其通过线下尽调进行风险识别，通过反担保等方式在一定程度上进行了风险缓释，旨在维护信用和交易秩序。

保证保险作为财产保险的一种，是风险的填补手段，其通过线下尽调、线上大数据风控的同时，避免不了采取大数法则、概率论方式分散化解风险，另外还可以通过便捷的共保、再保方式分散风险。因此，保证保险是债务人为增强信用、润滑商业的一种机制安排，是分散风险、消化损失的一种经济补偿制度。同时，由于是持牌经营，监管机构对于保险公司的监管更为审慎和严格，因此，作为保证保险开设机构的保险公司，其对债务人的增信程度远高于自然人甚至是地方性担保公司。

（三）承担的法律责任不同

保证保险合同的责任范围仅限于保险金额的限度，且承担的是保险给付责任，如基础合同无效只承担返还保费的责任。尤其是对于融资性保证险,当前的监管态度更偏向于保险人(保险公司)与权利人(往往是银行等放贷机构)按照一定比例共担风险。因此,保证保险下的保险人的保险金额有时会低于基础合同的债权金额。

而保证担保合同是代为偿还责任,保证人承担的不仅是债权的本金、利息、违约金、赔偿金,还包括追索债权所必需的费用。如基础合同无效,保证人还可能承担缔约过失赔偿责任。

(四)抗辩权不同

按照《担保法》规定,保证担保中保证人承担保证责任的方式可分为两种:一般保证和连带责任保证。当事人可以在保证合同中约定采用何种保证方式,如果没有约定或约定不明确的,则按照一般保证承担保证责任。

一般保证是当事人在保证合同中约定,债务人不能履行债务时,由保证人承担保证责任。一般保证人拥有先诉抗辩权,即保证人在基础合同纠纷未经审判或仲裁,并就债务人财产依法强制执行仍不能履行债务前,可拒绝承担保证责任。

连带责任保证的债务人在基础合同规定的债务履行期届满没有履行债务的,债权人可以要求债务人履行债务,也可以要求保证人在其保证范围内承担保证责任,保证人没有先诉抗辩权。先诉抗辩权是指:如果在保证期间内,债权人依法向连带责任保证人请求承担保证责任，保证人不得拒绝。

而保证保险合同的保险人承担的是保险责任，只要约定的保险事故发生，保险人就应按被保险人的赔付请求承担赔付责任，这种责任如在合同有效期内未发生，则保险事由自然消灭。

由于保证保险与基础合同没有从属关系，而是单独并列的关系，因此当被保证人逾期不履行合同义务时，权利人不能同时要求义务人和保险人（保险公司）共同负有连带责任，保险人只能按照保证保险合同的约定独立承担责任。

因此，保证保险实务中一般约定只有当被保证人穷尽其财产，仍不能履行其债务时，保险人才会承担保险责任。这就赋予了保险人类似一般保证下的先诉抗辩权，即债权人在向债务人提起诉讼并被依法强制执行前，不得先向保证保险合同的保险人提起诉讼。

在融资性保证险的现实操作中，权利人（往往是银行等放贷机构）之所以要求义务人投保保证险，就是为了缓释风险、避免诉讼等漫长处置流程。因此往往与保险公司约定一定期限的理赔缓冲期，在缓冲期内，权利人须履行必要的催收动作。如缓冲期满还未催回的，则触发理赔条件，因此一般不会涉及先诉抗辩权的情况。

（五）代位求偿权不同

代位追偿是保险基本原则之一，具体是指：因第三者对保险标的损害而造成保险事故的，保险人自向被保险人赔偿之日起，在赔偿金额范围内，取得代位行使被保险人对第三者请求赔偿的权利。

关于保证保险是否具有代位求偿权，一直存在当然取得主义和请求取得主义的争论。当然取得主义是指保险人向被保险人支付赔偿金后自然取得代位求偿权，请求取得主义则认为必须要被保险人主动让渡自己权利后，保险人才能取得代位求偿权。

我国的保证保险代位求偿遵从自然取得主义。《保险法》第60条规定：因第三者对保险标的损害而造成保险事故，保险人自向被保险人赔偿保险金之日起，在赔偿范围内代位行使被保险人对第三者请求赔偿的权利。

但在实操中，保险人（保险公司）还是以签订《权利转让书》的方式从被保险人（权利人）那里取得代位求偿权，从而取得双重权利保障。

第二章

产生与发展

第一节　信用保险的产生与发展

信用保险的产生和发展，始终与助力实体经济发展、满足生产生活需求密不可分。

信用保险最早出现在18世纪末19世纪初的欧洲，在出口贸易中萌芽，主要表现形式为民间互保，后来保险机构和民间担保组织加入。第一次世界大战之后，英国为了保障出口贸易以及企业的海外利益，设立了全球首家官方支持的出口信用保险机构——出口信用担保局（Export Credits Guarantee Department，ECGD），标志着信用保险正式登上历史舞台，同时开启了政府主导信用保险市场的序幕。

进入20世纪90年代，随着国际政治环境趋于稳定和全球经济一体化进程加快，信用承保经验不断积累，大量私有商业保险公司逐渐进入短期出口信用保险市场，造就了出口信用保险市场的繁荣。经过一系列私有化合并扩张，全球范围内最终形成了三家主要的信用保险集团：科法斯、裕利安怡（Euler Hermes）和安卓（Atradius），长期占据了全球信用保险市场的八成左右。

国内贸易信用保险的基本原理和主要操作与出口信用保险一致，解决的都是贸易不互信问题，不同之处在于应用环境变为国内贸易场景。在经历了第一次世界大战和20世纪30年代经济危机的行业低谷之后，西方国家重建了国内贸易信用保险制度，优化了业务操作流程，强化了风险管控手段，并于1934年成立了国际信用保险协会，自此国内贸易信用保险步入发展正轨。

进入20世纪80年代，各国经济进入蓬勃发展周期，国际和国内贸易形式不断创新，在各种需求倒逼下，银行融资业务和国内贸易信用保险结合形成了国内贸易保险项下的融资业务，极大地润滑了贸易链条，帮助广大中小企业解决了贸易过程中的融资难题。

第二节　保证保险的产生与发展

保证保险起源于保证业务，最早在公元前18世纪古巴比伦王国国王汉穆拉比颁布的《汉穆拉比法典》中就曾出现保证合同的提法，当时的保证范围覆盖货物买卖、奴隶交易、犯罪行为等方方面面，均是以第三方个人保证的形式出现。直到18世纪第一家保证机构"伦敦担保协会"出现，保证保险的雏形才初步建立。我们在1875年的《保险百科全书》中发现了公司制保证保险的最早提法。

美国是保证保险的集大成者。为解决当时大型工程和公共建筑项目的风险乱象，美国国会在1894年通过了《赫德法案》，要求公共建筑项目必须投保保证保险。随后成立的美国保证协会（Surety Association of America，SAA），以及1935年颁布的《米勒法案》（*Miller Act*）则推动了合同保证保险的规范、快速发展，同时引发欧洲，以及日本和韩国等国家的纷纷效仿。

保证保险的另一个重要分支是忠诚保证保险，源于19世纪中叶的英国。忠诚保证保险产生的背景是工业革命时期大量农民涌入城市、从农民转变为公司雇员过程中出现了大量的诚信问题，因此，伦敦保证公司首次向雇主出售忠诚保险保单，成为第一家推出雇员忠诚保证保险的公司。后来由于西方国家新移民的大量涌入以及自由用工方式的普遍推广，雇员忠诚保证保险逐渐成为西方国家保障雇主权益的必要制度。

融资性保证保险同样起源于消费信贷发达的美国，最早的产品形态为购房贷款保证保险。其产生的背景为20世纪30年代的"经济大萧条"。失业人口剧增导致购房者无法正常还贷，房屋被迫收归拍卖与房价下跌形成恶性循环，导致大量银行倒闭。为了稳定房地产市场，美国国会于1934年通过《联邦住房法案》（*National Housing Act*），成立联邦住房管理局，为普通居民购房者和退伍军人购买的住房提供保证保险。1957年美国威斯康星州出现了第一家专门为抵押贷款提供保证保险的保险公司，开启了私营保险公司从事融资性保证保险的历史序幕。

第三节　我国信用保险发展历程

我国信用保证保险的产生发展史本身就是国家信用保证保险制度的改革史。我国的信用保险和保证保险均是在改革开放之后由涉外贸易所产生的出口信用保险、出口货物运输保证保险、远洋船舶保险等刚性需求衍生而来，在20世纪80年代中期，中国人民保险集团股份有限公司（以下简称"中国人保"）部分分公司已开始零星开展上述业务。后来随着保险场景和险种的不断丰富，以及监管政策的不断调整，二者发展出现了分叉。

我国信用保险主要包括进出口信用保险、国内贸易信用保险两个险种。进出口信用保险的发展历程大致可分为三个阶段。

第一阶段为萌芽发展期，时间从1988年国家决定正式建立出口信用保险制度起，至2001年12月18日中国出口信用保险公司（以下简称"中信保"）正式成立前。1988年，为鼓励和支持机电产品扩大出口，相关部门印发《关于机电产品出口工作有关问题的会议纪要》，正式建立出口信用保险制度。至2001年年底，我国先后有中国人民保险公司和中国进出口银行两家主体共同承办出口信用保险业务，满足了外国投资者、中外合资企业对国内企业出口贸易的刚性需求，承接了必要的出口信用保险业务。通过与国外保险行业的对接与学习，我国信用保险基本完成了顶层设计和操作实践探索，为后续发展奠定了基础[1]。

第二个阶段从2001年年底起至2013年止，属于快速、独家的发展阶段。为更好地支持外贸出口，进一步发挥政策性保险作用，国家将中国人民保险公司和中国进出口银行的出口信用保险业务进行切分，并注入中信保，从而开启了独家经营时期。此举收效明显，2001—2012年，中信保累计承保规模超过10 500亿美元，出口信用保险渗透率高达14.82%，远高于10%的同期国际平均水平，中信保承保总额在国际信用和投资保险人协会（The International Union of Credit & Investment Insurers）中排名首次攀升至全球第1位。

第三个阶段从2013年开始至今，我国出口信用保险市场开始向商业保险公司开放，财政部先后批复同意了中国人民保险公司、中国平安财产保险股份有限公司（以下简称"平安财险"）、中国太平洋财产保险股份有限公司（以下简称"太保财险"）、中国大地财产保险股份有限公司（以下简称"大地财险"）经营短期出口信用保险业务，行业发展进入多家竞争阶段[2]。

我国国内贸易信用保险的发展始于2003年10月，平安保险联合

---

[1] 何慎远、汪寿阳. 中国出口信用保险研究［M］. 北京：科学出版社，2015：33.
[2] 周玉坤. 出口信用保险理论与实务［M］. 北京：中国金融出版社，2020：60.

科法斯开发了国内贸易短期信用保险产品。2005年6月，中信保在原有出口信用险基础上增加国内贸易信用保险业务。同年，安邦财险公司成立信用险事业部，推出面向中小企业的国内贸易信用险产品。2006年，安卓公司与大地财险合作，推出国内短期信用保险产品。2007年10月31日，中银保险和裕利安怡开展国内贸易信用保险业务合作，中银保险作为承保公司为客户出具保单，裕利安怡为中银保险提供再保支持和核保、核赔等方面的技术支持及培训。2011年，中国人民保险公司成立了信用保证保险事业部，部门主要从事保证保险、信用保险和消费贷款保险三类业务。同年，太平洋财险公司与裕利安怡签订协议，在信用保险产品开发、运营管理和市场拓展等方面进行全面合作，并于2016年联合成立了国内首家信用险销售公司——太平洋裕利安怡保险销售有限责任公司。2016年1月，我国唯一一家专业信用保证保险公司——阳光信用保证保险股份有限公司成立，掀起了我国信用保证保险发展的高潮。

第四节　我国保证保险发展历程

经考证，我国保证保险相关字眼最早出现在1983年9月1日国务院颁布的《中华人民共和国财产保险合同条例》中，当时只有中国人民保险公司经营该业务，险种主要是进出口货物运输保险和远洋船舶保险。

1989年国务院颁发的《关于加强保险事业管理的通知》（国办发〔1989〕11号）规定，包括信用险在内的各类涉外业务只能由中国人民保险公司独家经营。于1992年9月公布的《关于中国太平洋保险公司和中国平安保险公司业务范围的复函》（国办函〔1992〕93号），准许了太平洋保险公司和平安保险也可办理三资企业的保险业务，打破了保证保险由中国人民保险公司独家经营的市场局面。随后，平安保险开启了大量市场化改革，创新引入诸多新险种、新业态。1993年9月14日，平安保险与国家技术监督局合作共同开展"产品质量综合保险"。

1996年7月中国人民银行颁布《保险管理暂行条例》，规定了保证保险业务的范围包括投资保险、保障与赔款保险、雇员忠诚担保保险等，成为我国保证保险最早的官方监管文件。此后，监管部门对于保证保险的监管逐渐放开，更多的财产保险公司成立，我国保证险市场正式迈上市场化发展道路。

1997年7月，中国人民银行批准平安保险试办汽车分期付款销售保证保险业务，标志着我国首支融资性保证保险产品的诞生。1998年中国人民银行颁布《汽车消费贷款管理办法》，进一步推动财产保险公司积极与各大银行联动，共同促进了汽车消费贷款保证保险的迅猛发展。

2003年，保监会根据实际业务需求，又陆续批准了"个人购置住房抵押贷款保证保险""机动车辆消费贷款保证保险""工程质量保证保险""住宅质量保证保险""学生助学贷款保证保险""中小企业贷款保证保险"等一系列产品，保证保险产品体系迅速丰富。在此过程中，融资性保证保险由于需求强烈、市场规模大、标准化程度高，逐渐成为保证保险业务甚至是信保业务的绝对主力。

由于当时的信用体系尚未健全、产品设计存在瑕疵等原因，银行和保险公司的汽车消费贷款及保险产品在经营一段时间后风险凸显。2004年，保监会在《关于规范汽车消费贷款保证保险业务有关问题的通知》（保监发〔2004〕7号）中强调："严禁保险公司将车贷险（保证保险）业务办成担保（保证）业务。"同年彻底叫停了该业务。

一直以来，对于保证保险业务应归属保险还是保证担保这一问题，理论界和实务界一直存在着争议。虽然保监会曾发文明确其保险属性，但始终未上升至国家法律层面予以定性，导致期间很多法院判例依然将之定性为担保业务。2009年修订后的《保险法》进行了盖棺论定，明确规定财产保险业务包括保证保险。自此，我国的保证保险走向了一条独自探索落地路径的中国特色发展之路。

2015年以来，伴随互联网贷款新形式的出现，线上消费贷款迎来了蓬勃发展期。消费贷产品转移至线上，不同类型的消费贷客群因其良好的便利性和体验感逐渐习惯线上信贷方式，消费贷居民渗透率快速上升，各类放贷机构纷纷下场寻找机会，对融资性保证险等增信方式表现出强烈需求。我国融资性保证险抓住了这轮发展机遇，进入历史上最快发展时期。2015年至2019年，我国融资性保证险年均保费增速高达50%，2019年更是以843.65亿元达到了历史最高保费收入水平。

从保证险行业操作规范度和社会广泛认知角度看，我国保证保险的定位与实践于2017年基本探索完毕。为进一步规范市场行为，促进信保业务持续健康发展，保监会印发《信用保证保险业务监管暂行办法》（保监财险〔2017〕180号），成为我国第一部关于信用保证保险业务的监管文件。

2020年，银保监会先后印发《信用保险和保证保险业务监管办法》《融资性信保业务保前管理和保后管理操作指引》，标志着我国信保业务正式步入审慎监管与稳步发展阶段。

第三章

现状与问题

第一节　美国信用保证保险市场现状

美国的财产保险没有信用保证保险的概念定义和行业统计分类，而是按照险种大类进行单独统计分析。按照美国保险监督官协会（National Association of Insurance Commissioners，NAIC）的分类统计，我们按照"以信用为保险标的"的评定标准，挑选出属于信保业务范畴的五大险种：保修保险、信用保险、担保、金融保证保险、按揭保证保险。

一、中美信保业规模对比

我们整理了美国上述五个险种近三年保费收入与中国信保业保费收入数据，汇率按照7%进行计算，对比分析如图3-1。

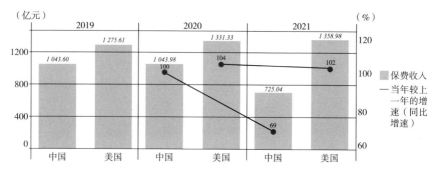

图 3-1 中美信保业保费收入对比图

2019年，我国信保业保费规模发展见顶，达到历史最高的1 043.6亿元，接近美国信保业1 275.61亿元的规模。2020年是一个转折点，由于融资性保证险业务大规模亏损，我国信保业保费收入迅速下降，2020年几乎与2019年持平，2021年则出现了巨额负增长。而美国信保业同期则保持了稳定增长，2020年信保收入为1 331亿元，2021年实现1 359亿元。2021年，由于中国信保业保费收入的极度萎缩，行业整体收入只相当于美国的53.4%。

二、美国信保业五大险种内涵释义

由于中美信保险种内涵和外延不同、分类逻辑不同，因此中美信保险种之间没有可比性，我们只能从行业统计规模口径进行横向对比。即便这样，我们还是有必要了解一下美国信保各险种的基本情况，尤其是创新型险种的内涵与设计原理，以开拓我国信保业务发展思路和空间。

（一）保修保险

在法律上被广泛定义为一种为保护商品而签订的合同，由消费者支付费用。保修保险通常是在制造商或贸易商的担保期满之后，为产品的质量延期保障或意外故障提供保险。在20世纪90年代的欧美市场，90%以上的零售商都提供商品的延期保修保险服务，对象也扩大到涉及家电、房屋、娱乐等产品。其中，30%以上的消费者会选择购买该保险，对电脑产品的延期保修保险购买率更高达85%。

需要强调的是，房屋保修保险与房屋财产保险不同，房屋保修保险主要是针对自然损耗，以及屋内水管、电路等基础设施的质量破损或意外损坏进行保险，理赔方式包括付款、免费维修或替换耗材。而房屋财产保险的对象却是存放、明示在保单上的房屋以及室内财产，主要保障家庭房屋及室内财产因水火等自然灾害、爆炸、管道爆裂以及室内盗抢等造成的损失。

（二）信用保险

美国信用保险更标准的表达方式是 Credit Insurance，这一概念的内涵与外延与我国的信用保险一致。由于我国的信用保险险种全部为舶来品，均是由对接国外项目引入而来，因此与国外一致并不稀奇。

放眼全球，最发达的信用保险市场在欧洲。根据欧洲政策研究中心（Centre for European Policy Studies）发布的《欧洲信用保险影响、测量和政策建议》（*Credit Insurance in Europe: Impact, Measurement & Policy Recommendations*），Credit Insurance 是指：为公司提供未偿还应收账款的保险，防范买方违约或破产等原因而无法付款的风险。信用保险项下保险人的作用并不局限于为被保险人在发生坏账时提供简单的财务保护，还包括提供信用管理服务：为客户提供信用信息、潜在买家的信用额度，以及提供对被保险人信用风险的持续跟踪或监督提醒服务。

信用保险的险种主要包括出口信用保险、国内贸易保险、贷款信用保险、赊销信用保险、预付信用保险等。

（三）担保

我们查找了关于 Surety 的各种定义以及确切翻译，虽然不同国家、不同地方的法律解释不尽相同，但整体上翻译为"担保"更为准确一些。

Surety 的定义，通过与 Guarantee 进行对比分析会更清楚一些。通常来看，二者几乎没有什么区别，在很多情况下也经常混用。但二者有更严格的法律区别。

在英国，有的学者认为 Surety 比 Guarantee 法律条件要求更严格，比如保险双方在订立 Surety 时必须有正式的合同，而且双方要盖章用印；而 Guarantee 的要求则没那么严，只需双方签订合同签字即生效。

在美国某些州的法律中，Surety 被定义为：当被担保人没有履行合同义务时，债权人有权直接要求担保人承担担保责任。而 Guarantee 则被定义为：当被担保人没有履行合同义务时，还需要确定其不能履行担保义务后，债权人才有权要求担保人承担担保责任。

这类似于中国法律框架下的一般保证和连带责任保证的区别，Surety 类似于连带责任担保，不享有先诉抗辩权；Guarantee 则类似于一般保证，享有先诉抗辩权。先诉抗辩权是指：债权人在向债务人提起诉讼并被依法强制执行前，不得先向保证保险合同的保险人提起诉讼。

谈到这，不得不谈我国的保证保险与国外保证保险的最大不同——在很多国家，是不区分担保和保证保险的，担保业和保证保险是混业经营，如美国、日本，保险公司可以直接从事担保业务。而在我国，担保业和保险业是分业经营的，保证担保和保证保险在法律上被赋予不同的意义。保证担保适用于《担保法》，保证保险则适用于《保险法》。

在我国，担保公司或担保人开具的连带责任担保就是 Surety，即只要被担保人没有履行合同义务，债权人就有权要求担保人代为履行，而不用管义务人因何违约，也不必对义务人进行催收。而我国的保证保险则类似于 Guarantee，理论上需要印证被保证人没有履行义务的能力（或权利人履行了必要的催收手段无果之后），保险公司才会代为履行保证义务。

当然，对于如何证明被保证人没能力履行义务这一点，在经过漫长实践摸索后，市场各参与主体慢慢形成了一套默认方法。一般情况下，在义务人未履约合同到期后，权利人要履行必要的催收动作（如打电话、上门催收、发催收函等），经过一段时间的理赔保护期后义务人还未履约，保险公司才会启动相应的理赔程序。权利人需要提供完整的理赔申请材料后才构成理赔前提，有的保险公司要求理赔材料中包含必要的催收动作的证明，否则，保险公司有权拒赔。

综上所述，由于美国的保险公司和担保公司均可以从事担保业务，且相关业务的使用越来越多，人们并不刻意区分担保和保证保险，因此越来越多地出现 Surety 和 Guarantee 混用的现象。以致后来，使用 Surety 的越来越多，Guarantee 反倒不常见了，仅出现在金融、保险业等某些专业领域之中。

（四）金融保证保险

根据美国全国保险监督专员协会（National Association of Insurance Commissioners）发布的《金融担保保险指南》（*Financial Guaranty Insurance Guideline*），金融保证保险被定义为由保险人或有权从事相关保险业务的任何人签发的保险保证书、保险单或赔偿合同，以及与上述文件类似的任何书面保证，根据这些保证，在证明因下列任何事件而发生财务损失时，应向被保险人、权利人或被赔偿人支付损失：

（1）任何债务工具或其他货币义务（包括根据债券担保保险担保的股本证券）的任何债务人或发行人的失败；

（2）短期或长期利率水平的变化，或不同市场或产品之间的利率差异；

（3）货币汇率的变化；

（4）特定资产或商品价值、金融或商品指数或一般价格水平的变化；

金融保证保险是与资本市场操作相配套的险种，可用于发行债券、评级等资本市场操作提供增信。我国的金融保证保险市场规模很小，但发展潜力巨大。

（五）按揭保证保险

根据美国全国保险监督专员协会发布的《抵押担保保险示范法》（*Mortgage Guaranty Insurance Model Act*），按揭保证保险定义如下：

针对因未支付本金、利息或根据抵押、信托契约或构成不动产留置权或押记的其他文书担保的任何票据或债券或其他债务证据的条款，以及其他同意支付但未支付而造成的财务损失的保险，前提是不动产的改善是住宅建筑或共管公寓单元或设计供不超过4个家庭居住的建筑；

针对因未支付本金、利息或根据抵押、信托契约或构成房地产留置权或押记的其他文书担保的任何票据或债券或其他债务证据的条款，以及其他同意支付但未支付而造成的财务损失的保险，前提是房地产的改善是为5个或更多家庭居住而设计的一栋或多栋建筑物，或为工业或商业目的而设计的建筑物；

针对因不支付租金或根据书面租赁条款同意支付的其他金额而造成的财务损失的保险，前提是对房地产的改进是一栋或多栋设计用于工业或商业目的的建筑物。

在美国，由于购买房屋按揭保证保险是申请房屋按揭贷款的必要选择项，因此美国的房屋按揭担保市场规模很大，是仅次于Surety的第二大险种。

三、美国信保业五大险种保费收入情况

美国信保业五大险种按照保费收入由高到低排序为：担保保险、按揭保证保险、保修保险、信用保险和金融保证保险，这五大险种2021年保费收入分别为71.29亿元、60.39亿元、32.49亿元、24.72亿元和5.25亿元（见图3-2）。其中，除了按揭保证保险在2021年受美国经济下行和住房按揭市场萎缩影响出现了负增长外，其他险种均保持稳定正增长态势，成为美国保险市场的一股清流。

图 3-2 美国保证险保费收入分析

众所周知,美国保险市场十分发达,保险市场规模占 GDP 比重在 3% 以上。在所有险种规模排名中,五大险种分别位列第 20 位、21 位、26 位、28 位和 36 位。

第二节　我国信用保证保险的种类

按照《保险公司业务范围分级管理办法》(保监发〔2013〕41 号)规定,财产保险公司业务分为基础类业务和扩展类业务两大类。基础类业务包括 5 项:机动车保险、企业/家庭财产保险及工程保险、责任保险、船舶/运输保险、短期健康/意外伤害保险;扩展类业务包括 4 项:农业保险、特殊风险保险(包括航空航天保险、海洋开发保险、石油天然气保险、核保险)、信用保证保险、投资型保险。

在上述各类业务中,信保业务处于什么位置呢?

从保费收入角度看，信保业务已经稳居财产险各险种的第二位，只是受2019年暴发的全球公共卫生事件和行业调整影响，在2020年被健康险反超，位列第三。另外，2021年信保行业发展跌入"陷阱"，保费收入规模迅速下降，跌出前三排名。

众所周知，信用保证保险由信用保险和保证保险构成，涉及险种几十种，中国主要险种的汇总见图3-3。

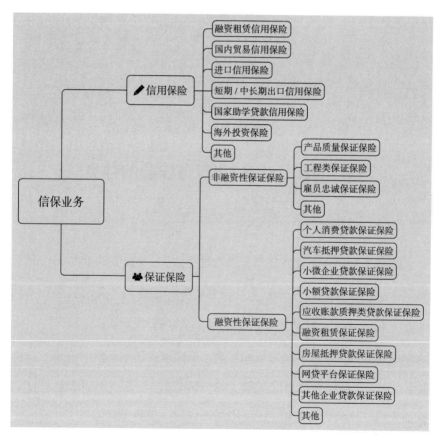

图3-3 中国主要险种汇总

从保费规模主要险种方面看，我国的信用保险业务主要集中在出口信用险、国内贸易信用险和金融机构贷款损失信用险三项业务中。

保证保险可分为非融资性保证险和融资性保证险（也可按照其他维度分类，如学术界分为确实保证保险和忠诚保证保险两大类，国际上分为合同保证保险和商业保证保险）。非融资性保证险以工程类保证险和合同履约保险为主，其本质与银行保函、担保保函一致；融资性保证险在信保整体业务中规模占比最大（估计在90%以上），因涉及行业、场景不同且种类较多，从业务规模看，汽车抵押贷款保证保险、个人消费贷款保证保险、房抵贷保证保险体量排名靠前。

第三节　我国信用保证保险业历史发展概况

我国信保业务虽然起步较晚，发展时间较短（从萌芽至今40余年），但依托国内经济和金融业规模的快速增长，尤其伴随2011年以来线上消费金融和互联网信贷的崛起，在线上开户、支付及大数据风控等金融科技技术加持下，我国融资性保证险业务进入爆发增长期。经过十余年快速发展，我国也已成长为全球最大的信用保险市场之一。

但与此同时问题同样明显：信保业整体信用风险管理能力并未随

着业务规模的快速扩大而大幅提高，重大风险事件时有发生，行业利润"过山车"，近年来普遍出现"增收不增利"的现象。尤其是 2020 年以来，在全球公共卫生事件突发、宏观经济承压、最高人民法院大幅度降低民间借贷利率司法保护上限的大背景下，借款方信用水平普遍下滑，终端利率下行导致盈利空间大幅压缩，融资性信保行业遭遇巨大挑战。

一、发展迅速，规模巨大

从 2010 年起，我国信用保证保险市场步入发展快车道。直至 2020 年，全国信用险和保证险保费收入分别实现 200.43 亿元和 843.55 亿元，合计实现 1 043.96 亿元，达到历史最高。当年保费较 2010 年增长了 7.78 倍，年均增长率高达 22.8%，远高于全国银行业整体信贷余额 13.4% 的增长率。我国信用保证保险的增速处于信贷品类的前列，把握住了线上信贷技术的突破进步以及国内信贷创新律动的前沿（见图 3-4）。

经过十余年快速发展，信用保证业已成为我国信用市场的重要参与主体之一，发挥了重要的补充和增信作用。以国内头部五家信保机构为例，2020 年五家公司信保业务合计保额为 2.44 万亿元，是同期银行业信用卡贷款余额（7.91 万亿元）的 30.8%，是同期银行业个人消费贷款余额（6.5 万亿元，含互联网平台助贷和联合贷）的 37.5%。

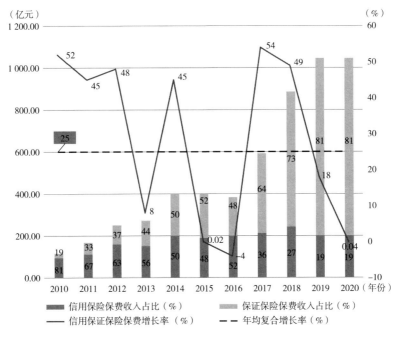

图3-4 信用保证保险保费收入变化趋势

二、发展波动性和周期性明显

我国信保业在保费收入快速增长的同时，呈现出明显的曲折性和波动性：从图3-4可以看出，从2010年起，行业经历了5年的快速增长后，于2015、2016年出现明显回调态势。2015年保费收入几乎与2014年持平，2016年则环比下降了4%。2017年再次提速增长，持续3年时间，2017年、2018年环比增速甚至高达54%和49%，成为近11年来增速最高的两个年份。但自2019年以来，行业增速快速回落至

18%，2020年接近零增长。

11年来，行业经历了两次大规模回调，暴露出一定问题。分析原因，行业波动及回调固然与全球公共卫生事件影响有关，但粗放式发展模式以及对信用风险的理解不深、重视不够则构成了2019年以来行业萎靡的主要原因，详细分析后面阐述。

从产品维度看，此番行业调整主要受P2P（Peer to Peer Lending，点对点贷款）爆雷及因全球公共卫生事件引发的汽车金融大面积坏账因素影响，风险爆发于2019年，但缘起2017年快速展业之初。由于汽车金融业务多为三年，且P2P事件负面影响至少还需要两三年时间的处理与消化，预计未来1—2年，行业将处于持续收缩状态。

三、行业马太效应明显

自2010年以来，我国信保从业主体数量快速增长，截至2019年年底，我国正常营业的财产保险公司共有87家，其中有74家保险公司拥有开展信用险或保证险的资质，但只有66家开展了信保业务并产生了收入。在这些保险公司中，拥有信用险资质的保险公司有63家，其中34家开展了业务并产生了收入；拥有保证险资质的保险公司有73家，其中62家开展了业务并产生了收入；同时开展信用险和保证险业务的共有30家（见表3-1）。

表 3-1　2019 年信保机构保费收入情况

单位：百万元

序号	保险公司	信用保险	保证保险	合计
1	平安财险	30.48	34 707.82	34 738.30
2	人保财险	2 823.50	20 020.82	22 844.32
3	中信保	14 703.19	–	14 703.19
4	阳光财险	49.96	8 576.86	8 626.82
5	大地财险	646.09	7 139.01	7 785.10
6	太保财险	317.18	5 614.46	5 931.64
7	众安在线	440.30	2 938.77	3 379.07
8	华安保险	105.45	1 081.79	1 187.24
9	永安保险	27.07	1 056.57	1 083.64
10	永诚财险	2.37	1 064.48	1 066.85
11	亚太财险	–	615.64	615.64
12	中银保险	478.15	111.02	589.17
13	国泰产险	1.28	311.72	313.00
14	锦泰财险	0.03	183.71	183.74
15	国寿财险	20.31	146.45	166.76
16	太平财险	113.76	43.22	156.98
17	阳光信保	37.63	112.72	150.35
18	中华财险	1.68	94.84	96.52
19	汇友相互	0	91.34	91.34
20	美亚保险	86.78	0	86.78
21	众惠相互	24.02	61.51	85.53
22	英大财险	0	76.78	76.78
23	富德产险	0.32	55.62	55.94
24	京东安联财险	22.59	29.10	51.69
25	紫金财险	1.85	45.35	47.20

续表

序号	保险公司	信用保险	保证保险	合计
26	安达保险	39.87	0	39.87
27	华泰财险	14.21	22.76	36.97
28	东京海上日动	21.99	0.56	22.55
29	泰康在线	-	20.40	20.40
30	安信农险	-	18.61	18.61
31	三井住友	17.79	0.60	18.39
32	国任财险	8.47	9.61	18.08
33	易安财险	-	15.16	15.16
34	泰山财险	4.35	9.15	13.50
35	阳光农险	0	13.24	13.24
36	鼎和财险	0	10.24	10.24
37	诚泰财险	0.06	9.63	9.69
38	鑫安车险	2.29	4.20	6.49
39	北部湾财险	0	3.02	3.02
40	中航安盟	0	2.94	2.94
41	三星财险	0	2.29	2.29
42	国元农险	0	1.61	1.61
43	长安责任	0	1.29	1.29
44	中原农险	0	1.11	1.11
45	都邦财险	0.12	0.88	1.00
46	燕赵财险	-	0.99	0.99
47	黄河财险	0	0.95	0.95
48	浙商财险	0	0.79	0.79
49	安盛天平	-	0.67	0.67
50	安诚财险	0	0.55	0.55
51	长江财险	0	0.55	0.55

续表

序号	保险公司	信用保险	保证保险	合计
52	渤海财险	0	0.47	0.47
53	中远海运	0.05	0.20	0.25
54	太平科技	0	0.17	0.17
55	安华农险	-	0.12	0.12
56	中意财险	-	0.06	0.06
57	现代财险	0	0.06	0.06
58	乐爱金财险	-	0.06	0.06
59	富邦财险	0	0.06	0.06
60	利宝保险	-	0.03	0.03
61	华农财险	-	0.02	0.02
62	兴亚财险	0.02	0	0.02
63	史带财险	0	−0.01	−0.01
64	天安财险	0	−0.74	−0.74
65	安邦财险	0	−8.11	−8.11
66	安心财险	0.05	−13.54	−13.49
67	合众财险	0	0	0
68	众诚车险	0	0	0
69	中石油专属	0	0	0
70	华海财险	0	0	0
71	久隆财险	0	0	0
72	海峡财险	0	0	0
73	建信财险	0	0	0
74	瑞再企商	0	0	0
75	中煤财险	-	-	-
76	前海财险	-	-	-
77	中路财险	-	-	-

续表

序号	保险公司	信用保险	保证保险	合计
78	恒邦财险	-	-	-
79	铁路自保	-	-	-
80	东海航运	-	-	-
81	珠峰财险	-	-	-
82	粤电自保	-	-	-
83	融盛财险	-	-	-
84	日本财险	-	-	-
85	苏黎世财险	-	-	-
86	爱和谊财险	-	-	-
87	信利保险	-	-	-

在信用保险中，中信保较为特殊，是我国唯一一家政策性信用保险公司，专营出口信用保险（曾经营过一段时间的国内贸易信用险）。由于出口信用险政策性强、风险高，风险识别与管控能力以及规模效应需要长时间积累。因此，虽然有多家保险公司获准经营短期出口信用险，但均因无法形成良性经营而浅尝辄止。

由于我国信用保险市场中出口贸易信用险占比最高，因此形成了中信保一家独大的市场格局。2019年，我国信用保险保费总规模为199.95亿元，其中仅中信保一家就实现了147.03亿元，行业占比高达73.5%。

排除了中信保的情况，由其余商业保险公司形成的信保市场，头部效应依然明显，主要由前五家头部公司主导。从保费收入规模看，全国信用保证保险业务排前 5 的公司分别是平安财险、人保财险、阳光财险、大地财险和太保财险，五家公司 2018—2020 年合计保费收入为 451 亿元、799.6 亿元和 619.27 亿元，全行业占比分别为 69%、76% 和 59%（见图 3-5）。

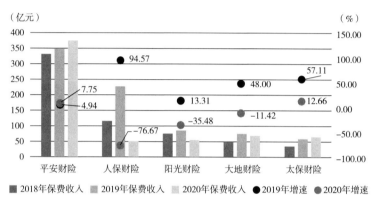

图 3-5　2018—2020 年头部公司信用保证保险业务保费收入及增速情况

从增长稳定性方面看，平安财险和太保财险近三年发展未出现较大波动，处于稳定增长态势。由于全球公共卫生事件于 2019 年暴发，两家公司在 2020 年利润亏损情况下，依然保持业务的正增长，表现出较强的发展信心，也更加符合信用市场稳健、审慎的经营规律。

人保财险和阳光财险 2020 年的保费收入出现大幅下降，分别从 2019 年的 227.67 亿元和 85.74 亿元降至 52.83 亿元和 55.9 亿元，降幅分别为 76.67% 和 35.48%。大地财险保费收入小幅下降，从 77.85 亿元降至 68.96 亿元。主要受三家保险公司的影响，2020 年全行业保费增长停滞，仅比 2019 年的 1 043.6 亿元多增收 0.38 亿元。

四、普遍增收不增利

从五家头部保险公司的利润情况看，2018—2020 年期间大都出现了不同幅度的下滑（见图 3-6）。2020 年，除太保财险保持盈利、阳光财险扭负为正外，其余保险公司承保利润均呈现大幅亏损。2020 年，平安财险、人保财险、大地财险分别实现承保利润 –31.25 亿元、–51.05 亿元、–0.09 亿元。

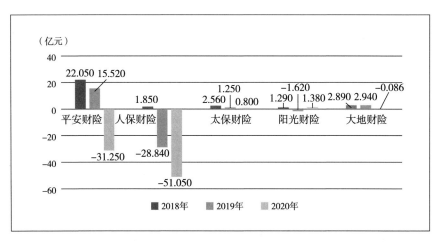

图 3-6　2018—2020 年头部公司信用保证保险承保利润情况

五家保险公司承保利润表现导致行业整体利润从 2019 年起开始步入收缩阶段，2020 年全行业利润为负。如果说 2019 年的利润下降主要受 P2P 市场出清事件影响，2020 年的大面积亏损则主要与受全球公共卫生事件影响的汽车金融业务、小企业主贷款和消费贷款的贷款质量恶化有关。

五、行业发展步入低谷，生存逻辑遭遇挑战

上述影响不仅表现在保险公司的利润表中，更体现在行业持续经营的自信心和未来业务布局等方面。保险公司内部普遍出现了是否继续开展信保业务的疑问，甚至对保险人能否做好类信贷业务产生疑问。这类深层次问题对行业发展的影响更为深远，可能需要数年的时间恢复认知并重拾自信。

经过多年快速发展，从保费收入角度看，信保业务已经稳居财产险各险种第二位，只是在 2020 年被健康险反超，位列第三。由于涉及多年承保责任，信保业务存量在保规模依然十分可观。另外，由于信保业务与信贷业务本质相同，市场需求迫切，产品销售和保费收入增长速度快、潜力大。因此，无论是从存量规模还是从增长潜力看，信保业务无疑是保险公司无法放弃的业务。行业不会从此消亡，困难是暂时的，行业需要深入反思存在的问题，下大力气解决好各类发展问题，确保利润可持续增长，在金融普惠道路上发挥更大的、特殊的作用。

第四节　我国信用保证保险发展现状

我们根据可收集的最新数据对 2021 年信保行业整体情况进行分

析,并结合过往发展情况给出了持续观察的更新判断。

一、行业似乎迎来了"至暗时刻"

2021年,我国信保行业整体保费收入实现725亿元,较2020年的1 044亿元少收319亿元,环比下降30.5%。其中,信用险保费收入203.85亿元,环比增加3.42亿元,连续三年稳步增长。导致整体保费下降的主要原因是保证险的波动:2021年保证险保费收入为521.2亿元,环比少收322.3亿元,出现了5年以来的首次负增长(见图3-7)。

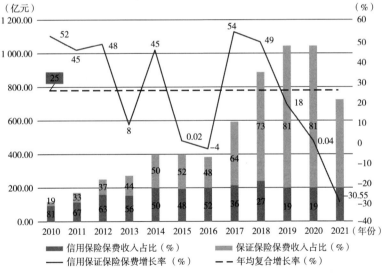

图 3-7　信用保证保险保费收入变化趋势

2021年,是2010年以来行业整体保费收入的第二次下降,与2016

年那轮下降相比，此次降幅之大为历史之最，同时也打破了行业自2010年以来整体稳步增长态势，行业发展似乎迎来了"至暗时刻"。

从历年信用保险保费收入情况看，近年来基本稳定在200亿元水平，导致2021年保费收入下降的主要险种是保证保险，其中又以融资性保证保险为主。由于信保行业头部效应十分明显，我们从市场结构维度进一步剖析保证险下降原因。

近年来，平安财险、人保财险、太保财险、阳光财险、大地财险五家保险公司的市场占比始终在60%以上，五家保险公司近4年保费收入及增长情况的对比分析见图3-8。

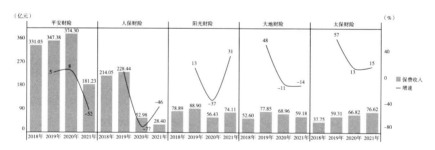

图3-8　2018—2021年头部保司保费收入与增速对比图

从图3-8可以看出，2021年行业保费收入下降的主要原因是平安财险和人保财险导致的，两家保险公司保证险保费收入环比下降合计217.74亿元，占保证险全行业降幅322.36亿元的67.54%。尤其是平安财险的保证险业务，仅其一家就减少了193.3亿元，带动行业保费规模随之下行。

除平安财险外，大地财险保证险业务在2019年达到顶峰后，步入小幅下降阶段。阳光财险、太保财险则处于稳步增长阶段，阳光财险在经历了2020年业务调整之后，收入增长步入正轨，增速快速提升；太保财险呈现一如既往的稳步发展态势；人保财险虽然保费连年下降，但从增速看也已趋缓。

由于绝大部分保费都是贷前一次性收取的，保费收入的多少直接反映了当年新增业务情况和发展的信心。由此可见，平安财险和人保财险在当年新增业务上踩了刹车；大地财险同样有意放慢了速度，反映出其对外部信用风险走高的整体判断以及自身业务风险的快速提升。

融资性保证险业务的本质是信贷，风险存在延后暴露周期，因此当不能及时发现风险时，现有良好的经营态势将掩盖当下的资产质量隐患。当发现问题时，很多保证险业务已经在保了，此时再踩刹车，也只能避免新增业务的风险问题，但在保资产的风险已经形成，需要长时间的消化。

由此看来，平安财险的资产质量恶化源于2020年甚至更早，2021年发现了问题，控制了新增业务规模，但真正的考验出现在2021年下半年乃至2022年，考验的是平安财险的催收能力以及找到更为健康的业务品类和新业务增长点的能力。

人保财险、阳光财险的情况与平安财险类似，但风险暴露更早一些。二者的不同之处在于人保财险对于新业务更为谨慎，而阳光财险似乎找到了另一条健康发展路径，从而实现了保费收入的快速扭转。

二、黎明前的黑暗

从上文分析可见，受行业头部公司占比较高以及新增业务急刹车等因素影响，行业保费收入出现有史以来的最大跌幅。同时，问题已于 2021 年甚至更早时发现，主要信保机构已经着手风险化解工作，预计再经过两年时间风险将得到大部分解决，2023 年至 2024 年，行业将走出谷底。

我们罗列了五家保险公司连续 4 年的保费收入、利润和利润率（见图 3-9）。从 2021 年利润看，五家保险公司无一亏损：虽然平安财险的保费收入减半，但利润实现了扭负为正，甚至比前三年都高；人保财险同样扭转了连续两年的亏损状态，实现了 4 年来的最好盈利，利润增速是五家保险公司中最高的；阳光财险、大地财险、太保财险的利润环比均实现了正增长，增速均呈现良好态势。

2021 年，是信保行业盈利最好的一年。

行业的盈利主要是从哪里来的呢？由于新增业务骤减，显然不是新增业务带来的。五家保险公司 2020 年的利润均处于低位，说明当年的高额理赔严重影响保后利润。对于已理赔的资产，保险公司通过加强催收回补了部分利润，并体现在了 2021 年。因此，2021 年的利润反增，主要原因是追回部分理赔资产所得。

催回理赔带来的利润回补是暂时的，不可持续且规模有限，理赔资产不可能全部催回，总有压榨不出价值的一天。因此，利润的反弹

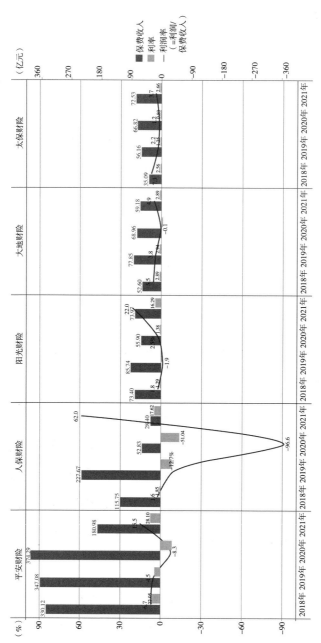

图3-9 2018—2021年头部保司保费、利润和利润率对比图

并不代表保险公司信心的恢复，唯有新增业务及其保费收入的增长方能代表信心的恢复。

虽然不少行业头部公司经历过严重的利润负增长，但从近4年各公司利润累计情况看，平安财险、阳光财险、大地财险、太保财险依旧保持着盈利。从这一点看，行业应不至于丧失发展之心，但的确需要直面问题，迎接市场的下半场竞争。

三、真实情况并没有那么糟

更乐观的情况源于更直接的指标。

通过罗列五家保险公司连续4年的保额情况，我们发现各家降幅并不明显，并未出现如保费收入般断崖式下降的情况。而导致保费骤降的原因在于保险费率的快速下降（见图3-10）。

从整体看，五家保险公司费率均处于下降通道。其中尤以平安财险和大地财险两家费率降幅最为明显，从10%左右骤降至5%左右，这也是两家保险公司2021年保费收入下降的主要原因。虽然太保财险和阳光财险的费率略有提升，但由于原本处于较低水平，因此影响并不显著。需要特别说明的是，人保财险的数据为信用险和保证险合计保额（无法取得单独的保证险口径数据），其余保险公司的数据均为保证险口径。由于人保财险信用险费率较低拉低了整体费率水平，因此费率的横向对比失去意义。即便如此，人保财险的费率同样处于不断降低的过程。

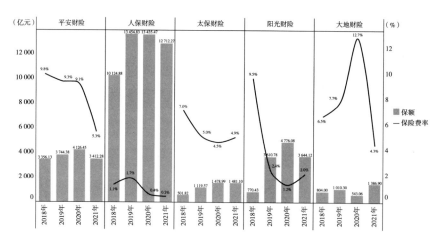

图3-10　2018—2021年头部保险公司保额与费率对比图

在全社会倡导压降居民和企业债务杠杆，监管部门和最高人民法院持续降低类信贷业务终端利率水平的大背景下，融资性保证险保费水平维持在低位运行甚至继续探底将成为常态，市场竞争进入下半场。面对行业经营环境的巨大变化，原有高收费、靠规模拉动的粗放式经营模式将难以为继。行业必须转换发展思路，找到破局之道，在利润稀薄、内外压力陡升的下半场竞争中闯出一条新路。

经济下行，信用风险不断抬升，考验着每一个信保机构的风险识别能力、精细化运营能力和成本控制能力。与信贷业务类似，信保业务的利润漏斗模型如下：

保险保额 × 费率 – 理赔 – 准备金 – 运营成本 = 利润

根据该模型，商业性信保机构提高自身核心竞争力的途径并不复杂：提高保额与费率，降低风险和运营成本。保额与产品丰富度有关，与产品竞争力、天花板、客户接受度和贡献度成正比；费率是信息不对称和融资需求解决能力的综合体现，找到别人无法触达的客群，敢做、能做别人不敢碰、不能做的客群需求，提供了独特的能力与价值才能换回更高的费率；理赔和准备金是风控能力的体现，在融资性保证险项下集中表现为对单个客户的风险识别与控制能力；运营成本则主要有获客成本、人力成本、信息技术成本、数据成本、合规成本等，对成本的精细化管理和控制是重中之重。

在各行各业竞争越发内卷的当下，信保业同样无法置身事外。信保业不仅要与同业和担保公司比效率、比价值，还要与银行、消费金融公司等同样拥有增信功能的持牌机构竞争。在过往的发展历程中，信保业在产品创新和运用前沿技术手段方面相对落后，但若想在未来的跨业竞争中占有一席之地，除了加快体制、机制、人才、科技的创新之外别无他法。

作为我国财险历史上累计保费前三名的险种，作为保险标的（信用）是社会运转重要基础要素的唯一险种，我们从不怀疑信保牌照的价值和未来发展空间。信保牌照还拥有银行、担保等不具备的优势：天然的对风险的更高容忍度，更低的操作门槛和成本负担，可以覆盖较银行更广泛、更次级的客群，是银行等放贷机构的有益补充等。因此，从某种程度讲，信保是更具普惠性的金融设计，是独具价值的金融牌照。

第五节　问题与原因剖析

2022 年，信保业已然成为我国信用市场的重要供给方：仅可统计的 14 家保险公司[①]的保证保险辐射管理的信贷余额实现 5.8 万亿元，是同期中国银行普惠金融领域余额的 14%。然而，信保行业却再次陷入停滞与回调周期，甚至此轮探底幅度更大、更深，持续的时间可能更长。

为何我国信保业总是"重复踏入同一条河流"？导致我国信保周期之痛的深层原因是什么？解答好这些问题，对当下的信保行业意义重大。

一、保险逻辑经营信保，业务发展大起大落

信用保证险业务在财险公司中是一个特殊的存在。与其他险种"大数法则""保险精算"的风控逻辑不同，以信用风险为标的的信保业务具有"主观欺诈性"和"强传染性"的特点。尤其是融资性保证险，其业务本质和操作规范均与信贷、担保高度一致，底层资产伴随着大量道德风险、操作风险和欺诈风险，单纯依靠"大数法则"和"保险精算"进行风险分散和防范远远不够，需要深入了解和研判每个个体的还款能

---

① 14 家保险公司为平安财险、人保财险、阳光财险、大地财险、太保财险、众安在线、永安保险、永诚财险、国泰财险、众惠相互、英大财险、紫金财险、泰康在线、国任财险。

力和还款意愿,这也是融资性保证险与传统财产险险种的主要区别。

但是,国内多数信保机构却沿用了传统险种的风控手法,对义务人个体的风险识别与控制的重视度不够,导致大量欺诈风险和主观操作风险出现。而意识到个体风险的少数信保机构则主要依托审贷人员的经验判断审核风险,但由于缺乏人员素质积淀和严格的审批配套制度,因此风险暴露脱离控制成为常态。

相比其他险种,融资性保证险需求较为刚性,借款人购买意愿强烈,更容易快速上规模,因此有些保险公司便将其作为保费快速上规模的抓手,以"搞运动""任务分派"的方式迅速展业,短期内促成了保费规模的迅速提升。这种以营销发展思路带来的业务快速上升,不可避免会放松风控准入,必然导致一个贷款周期后的风险反噬。在大规模风险发生后,又"一刀切"式关停所有新增和续保业务,导致存量风险无出口缓释,风险资产硬性出清,必然带来次年承保利润的大幅下降。

信保发展历史上多次出现的上述循环操作,违背了类信贷业务"审慎经营、稳步发展"的客观规律,也是导致信保业务巨幅波动的主要原因。

二、通道批发经营方式,客户风控两头在外

从实操层面看,保险公司属于营销驱动型组织,长期以来形成了"前台强、后台弱"的内部管理格局,风控部门普遍话语权不强,风控

动作容易变形从而效果大打折扣。

更严重的是，强势的营销部门为了实现保费收入的快速增长，业绩倒逼下更容易选择"批发式"展业模式，通过合作渠道公司统一组织销售、运营，甚至将风控兜底完全交由合作公司负责，通过收取保证金等方式简单规避自身风险，信保业务沦为通道业务。

当融资性保证险的运营、风险管理被交给由利益驱动、风控水平参差不齐甚至恶意骗贷骗保的渠道公司时，大面积的逾期坏账和"跑路"现象在所难免。类似操作在过去几年的汽车金融保证险、消费贷保证险业务中并不罕见。

得益于国内线上消费贷、汽车金融市场的快速发展，融资性保证险业务规模快速提升，但由于行业普遍对大数据风控、线上量化技术的重视度不足，导致核心风控能力并没有沉淀下来，一直以来并不具备"验证风险先行，审慎展业后动"的能力条件，在想要控制风险时却力有不逮。与先进互联网金融公司、先进银行相比，信保机构的创新型信贷技术应用和大数据量化风控能力建设还有很长的路要走。

三、分支机构权力过大，内控案防存在隐患

目前，国内多数信保机构主要通过线下方式获客和风控，因此必须给予分支机构充足的管理授权。而最核心的业务环节掌握在分支机构手中，则会导致总部对整体业务话语权较弱，管理缺少抓手，时间

久了便只剩下产品设计、数据统计和业务督导等辅助职能定位。

如此管理格局固然可以通过压实责任和严格的内外审计制度进行弥补，但弊端同样明显。一是分支机构管理水平不一导致业务分散且发展水平参差不齐，不容易产生规模效应；二是风控以线下人工审批为主且由分支机构主导，风控尺度难以统一，风控操作难以标准化，成本高而决策效率低下，效果还难以保证；三是总部统筹力度不足，难以掌握底层资产真实风险情况，容易导致系统风险和基层机构操作风险。

虽然银行等传统信贷组织采取了同样的梯次管理架构，但历经几十年的打磨已掌握了一套严格的授权管理和内控案防管控机制，同时由于银行的分支机构已经广泛分布形成了规模效应，长期占据了优质客户心智，具备了先发优势。因此，照搬照抄银行管理机制不会给信保机构带来任何的竞争优势。

四、核心能力重视不足，稳健发展缺少抓手

互联网背景下的新型商业业态具有不同于传统行业的组织方式和商业逻辑，以此为背景的融资性保证险业务需要建立与之匹配的管理架构和新技术竞争优势，如此才有可能在信贷技术大变革过程中"弯道超车"。但从实际表现看，信保机构并未较好地吸收、沉淀此类新技术、新能力，主要表现在以下四个方面。

一是"业务快速发展要求"与"缺乏优质资产"之间矛盾突出。

信保业务已然成为财险业务的前三大险种之一，承载着拉动保险公司保费收入增长的重要职责，而当前的融资性保证险业务大多集中于房抵贷、车抵贷、汽车融资租赁、消费贷等少数几个融资场景，在连续经历了P2P市场出清、长租房爆雷以及全球公共卫生事件引发的大面积坏账后，大多处于风险出清阶段，发展信心普遍不足。加之线上、线下流量在内卷的竞争中成本畸高，传统信贷品种供给侧趋于饱和，而探索开发新市场、新险种的创新研发能力又略显不足，行业处于迷茫和寻求突破的艰难时期。

二是IT支持不足影响了产品体验与优化迭代。研发资源不足和项目"开发—上线"链条冗长使IT供给远落后于信保部门需求，线上操作系统落后，交互系统繁杂，产品长期未优化迭代。同时，由于对优秀IT人才尤其是产品经理吸引力不足，业务和研发部门之间缺少好的"翻译官"和"润滑剂"，流程设计缺乏信贷逻辑，与主流产品差距较大，客户体验较差，进一步削弱了信保产品竞争力。

三是数据集成和量化风控能力缺失难以打破传统、线下、低效的管理模式。虽然大数据决策和量化风控在线上信贷领域的应用已十分广泛，方法论已臻成熟，但真正内化应用需要一系列组织架构和风控流程的配合，是一项系统工程，仅靠简单引入专业团队无法解决。

量化风控需要以全链条的线上化操作为前提，投保人的所有资料和申请操作最好在前端展业时一次性完成，对于有些高风险业务，还需要客户经理的线下尽调与客户"软信息"收集，并形成标准化、结构化数据统一录入，这需要高度专业的线上化产品流程和信息技术能力予以支持。

风控信息收集完毕后，需要数仓团队建立数据中台予以统一存储归类，并根据经验按照不同用途形成不同类型的数据集市和库表。尔后，数据团队要进行批次加工处理，以使得数据质量满足建模需求；模型团队要根据风控环节中的不同目的，建立针对性模型予以指标量化和结果因素化、变量化，模型效果还要反复投产并不断调整才能达到上线条件；策略团队要根据业务风险类型与特点，设计针对性风险控制流程，并针对临时风险问题和新认知不断向模型团队提出建模需求，同时也要反复投产验证效果。

因此，量化风控能力的建立需要相关团队长时间沉浸在业务场景之中，体验风险特点并量身设计风控流程、模型与策略，反复调优并不断提高量化决策效果。这是一个长期的过程，并不能一蹴而就，因此常与业务的快速上马要求产生矛盾，甚至有时矛盾不可调和。我们经常看到因无法等待量化风控能力形成而改为人工审核的例子，这无时不考验着管理层的决心和毅力，考验着业务部门的耐心与配合。

四是流量与资金"先天不足"使得新业务突破缺少抓手。从单位价值模型角度看，信贷行业的核心竞争力有二：一是客户流量，二是资金。在越发内卷的行业竞争中，其他能力逐渐沦为流量方和资金方的附庸，行业话语权和定价权终将被这两方主导。

在客户流量方面，信保机构往往是传统保险公司出身，不具备互联网企业的线上流量优势，同时由于财产保险市场头部效应明显，多数保险公司并不具备存量客户资源优势；在资金方面，融资性保证保险天然不具备资金优势，需要寻求银行等放贷机构的配合才能形成资金投放能力。因此，信保机构在融资类业务中往往处于劣势，核心竞争力的打造缺少抓手，主导市场比较艰难。

无奈之下，多数信保机构只能通过自建线下团队的方式获客，寄希望于自我展业获得客户流量优势。这一方式同样缺点明显：通过分支机构自主获客，客户来源标准不一，质量参差不齐，难以发挥规模效应；管理难度大，风控动作不容易标准化；内部操作风险高，内控案防压力巨大；大规模线下团队成本畸高，对盈利形成巨大压力。

第六节　本章小结

自有统计的 2010 年以来，我国信保业抓住了汽车金融、国内消费市场和信贷线上化的发展机遇，保持了年均 20% 的增长率，信用保证保险已然成为历史累计第三大财险险种，在以银行为主的我国金融业中发挥了重要补充作用。

但进入 2020 年以来，受全球公共卫生事件带来的经济下行、民间借款终端价格的持续走低以及过往高速发展的遗留问题影响，我国信保业遭遇有史以来的最大行业回调：2021 年行业保费收入环比下降

31%，行业利润持续下降并有转负趋势。行业风险尚未出清完毕，新增业务缺乏方向，业务线大规模裁撤，行业信心遭受空前打击。

上述问题与经营方式过于粗放有关，更与融资性保证险占比较高且风险集中暴露密切相关，从根本上反映出行业普遍存在的对信贷类业务客观认识不深、敬畏心不足的问题。

反思发展，需要回归本源。我们需要深入研究信保最早的诞生背景与历史发展历程，认真分析信保业务的功能价值与监管定位，找到牌照独特价值和天然优势，以此为基础创新性发展业务，不断沉淀过程优势与能力特长，如此才能打开视野，提高站位，着眼优势，走出困境。

第四章

监管政策研究

第一节　信用保证保险监管演变历程

在我国，无论是学术界还是监管层，对于信用保证保险的概念内涵与边界、与其他险种的关系与区别、内部险种的构成与逻辑关系等重大问题的认识存在一个从模糊到清晰并不断反复的过程，对保证保险的认知和定位尤是如此。

一、从概念演变看监管的认知变化

我国关于信用保险和保证保险的官方提法最早见于我国第一部保险合同法规《中华人民共和国财产保险合同条例》。该条例是国务院于1983年9月1日颁布，其中第二条明确了，"本条例所指的财产保险，包括财产保险、农业保险、责任保险、保证保险、信用保险等以财产或利益为保险标的的各种保险。"从条例描述中可以看出，保证保险是与信用保险并列的险种，与其他传统财产险种共同构成了财产保险。

值得注意的是第三条规定："财产保险的投保方（在保险单或保险凭证中称作被保险人），应当是被保险财产的所有人或者经营管理人或者是对保险标的有保险利益的人。"这一早期概念规定与信用保证保险的概念有所出入。

我们知道，在以第三方信用为基础合同的保证保险业务中，投保方并不是保险单中的被保险人，而是基础合同的义务人和保险合同的被保证人。该条例明确将保证保险列入财产保险之中并同时对财产保险的概念进行规定，说明此时的保证保险尚未出现第三方基础合同的复杂情况，只是包括了例如雇员忠诚保证保险等只涉及两方关系的传统保证保险业务。

同样的提法还出现在我国第一部保险业监管法规之中。国务院于1985年3月3日发布《保险企业管理暂行条例》，其中第二十一条也明确提到："人身保险以外的各种保险业务：指财产保险、农业保险、责任保险、保证保险、信用保险等业务。"

该法规颁布之后长期发挥了作用，直到1995年6月30日被全国人大常委会通过并公布的《中华人民共和国保险法》代替。后于2001年10月6日被国务院废止，正式退出历史舞台。

我们再看《保险法》中关于信用保证保险的说法。《保险法》最早于1995年6月30日颁布，于1995年10月1日起施行至今，共经历了三次修正、一次修订，前后时间分别为：

2002年10月28日，第一次修正；

2009年2月28日，修订；

2014年8月31日，第二次修正；

2015年4月24日，第三次修正，使用至今。

《保险法》中谈及信用保证保险的地方不多，只是在介绍保险公司业务范围和分类时对主要险种进行了罗列。其中我们注意到前后几次修正案中对信用保险和保证保险的提法有所不同。

在1995年《保险法》最早版本中是如此介绍财产保险的业务范围："保险公司的业务范围：（一）财产保险业务，包括财产损失保险、责任保险、信用保险等保险业务。"之后的2002年第一次修正版说法与之相同。

但在2009年修订版中改变了说法："保险公司的业务范围：（一）人身保险业务……（二）财产保险业务，包括财产损失保险、责任保险、信用保险、保证保险等保险业务"。后面第二次修正版、第三次修正版均沿用了该说法并使用至今。

分析至此，问题来了：为什么前两个版本的《保险法》在介绍财产保险业务范围时没有提到保证保险，而之后的版本增加了保证保险？为什么《保险企业管理暂行条例》以及更早的《中华人民共和国财产保险合同条例》中均提到了保证保险，而作为替代《保险企业管理暂行条例》的前两版《保险法》却没有提及？是没有列举进去而由

"等"字概括了？还是另有原因？

为解答这个问题，我们需要参考在《保险法》第一次修正版颁布的 2002 年前后相关的权威法规文件中的说法。有参考意义的文件有三个：一是《保险公司管理规定》（中国保险监督管理委员会令 2000 年第 2 号）；二是发布于 1999 年 8 月 30 日的《关于保证保险合同纠纷案的复函》（保监法 1999 第 16 号）；三是《中华人民共和国外资保险公司管理条例》（中华人民共和国国务院令 2001 年第 336 号）。

《保险公司管理规定》（中国保险监督管理委员会令 2000 年第 2 号）第四十五条详细罗列了财产保险公司可经营的所有保险业务，其中第 14 项为保证保险，第 15 项为信用保险。

同时在《关于保证保险合同纠纷案的复函》（保监法 1999 第 16 号）中，保监会明确回复了最高人民法院申诉庭有关保证保险的概念："保证保险是财产保险的一种，是指由作为保证人的保险人为作为被保证人的被保险人向权利人提供担保的一种形式，如果由于被保险人的作为或不作为不履行合同义务，致使权利人遭受经济损失，保险人向被保险人或受益人承担赔偿责任。"

而《中华人民共和国外资保险公司管理条例》（中华人民共和国国务院令 2001 年第 336 号）在介绍保险公司业务范围时，说法与《保险法》（1995 年 6 月 30 日版）一致，在财产保险的范畴里未提及保证保险。

证明材料同样存在分歧，但我们发现了一个有趣的现象：在国家层面的立法机构以及国务院的相关文件中,基本未提及保证保险,而在当时保监会的相关文件和法规中,均非常明确地提到了保证保险属于财产保险的经营范围。

真实原因到底为何呢?作者在此有两个猜想。

猜想一:纯属巧合。国家立法机构在讨论出台1995年版《保险法》时,并未区别看待保证保险,只是在罗列财险保险险种时没有突出强调,而用"等"字进行了概括。

猜想二:故意忽略而有意为之。在此补充一个细节:就在原版《保险法》发布的同年,也就是1995年10月1日,我国第一部《担保法》同时出台了。我们知道,在保证保险发源地美国和保证保险盛行地日本,保证保险和保证担保是混业经营的,保证保险保单只是保险公司出具的担保函。而在我国,保证保险到底适用《保险法》还是《担保法》,彼时的学术界、法理界和业界并未讨论清楚。因此,在具有争议的情况下,《保险法》采取了"搁置争论"和"不提及保证保险"的策略。

作者同时发现,学术界关于保证保险与保证担保关系的大讨论恰巧同时发生在2000年前后,引发大讨论的背景为20世纪末汽车贷款保证保险业务得到快速发展。由于信用环境的不健全以及风控手段的缺乏,该险种出现大量不良(很多保险公司汽车贷款保证保险的赔付率都超过120%,有的甚至高达500%),引发了保险公司与银行(被保险人)的大量合同纠纷。

《关于保证保险合同纠纷案的复函》(保监法 1999 第 16 号)中涉及的"中国工商银行郴州市苏仙区支行与中保财产保险有限公司郴州市苏仙区支公司保证保险合同纠纷案"就是其中的典型代表。该纠纷的根本点是保险公司开具的"保证保险"适用《保险法》还是《担保法》。由于两家机构各执一词,将官司打到了最高人民法院。最高人民法院不知就里便请保监会给予意见。

彼时的保监会以相关法律出台晚于合同签约而不可倒追为由回避了归属问题,认为保险公司和银行签订的担保合同既不适用《保险法》,也不适用《担保法》。当时,虽然这一纠纷案件得到了解决,但是保证保险及其法律属性如何定性却没有解决,学术界开启了长达近十年的大讨论。

综合以上材料分析,作者认为猜想二可能更贴近现实。

二、信用保险和保证保险的统一过程

从上文提到的多个监管文件的相关提法可以看出,最早的信用保险和保证保险是作为两个险种单独列示的,并未出现信用保证保险合并的说法。无论是最早提及保证保险和信用保险的《中华人民共和国财产保险合同条例》《保险企业管理暂行条例》,还是后来的《保险法》《保险公司管理规定》等权威文件,均未提到有关合并的说法。

合并说法是何时出现的?作者最早在《关于做好 2008 年农业保险

工作保障农业和粮食生产稳定发展的指导意见》（保监发〔2008〕22号）中发现了相关痕迹。文中提到："探索建立针对大宗养殖户的信用保证保险，协助解决农户贷款难问题。"合并说法在文中只提及一次，从文中还多次使用保证保险和信用保险的说法可以看出，这里的信用保证保险仅仅是一个合并的说法，并未涉及二者内涵的异同与合并说法的原理。

随着两个险种的融合发展和学术界的持续思辨，保证保险和信用保险内涵之间的关联被挖掘出来——二者均以信用为保险标的。于是，在保监会 2013 年颁布的《保险公司业务范围分级管理办法》（保监发〔2013〕41 号）中，我们看到二者深度融合的迹象。文中提到："财产保险公司申请信用保证保险业务的，应当符合以下条件：（一）持续经营三个以上完整的会计年度；（二）最近三年年末平均净资产不低于人民币二十亿元……"。这说明，监管已完全将保证保险与信用保险看作一个整体业务，并对该业务设定了统一的准入门槛。从此以后，信用保证保险合并口径指标也出现在监管统计范围之内。

随着融资性商业需求的不断出现，信用保证保险对融资的促进作用逐渐凸显并得到鼓励发展。2015 年，为鼓励信用保证保险各个险种共同促进小微企业融资与产业发展，保监会、工业和信息化部、商务部、中国人民银行、银监会五部委联合发布《关于大力发展信用保证保险服务和支持小微企业的指导意见》（保监发〔2015〕6 号），给予财险公司的信保业务高度政策支持，其中包括我们熟知的商务部对国内贸易融资信用险的保费补贴政策。自此，信保行业尤其是融资性的信保业务步入高速发展时期。

信保行业的高速发展中隐藏着风险隐忧，尤其是信保业务与P2P的结合为行业从严监管以及后续发展步入低谷埋下祸根。2017年，为防范系统性金融风险，促进信保业务持续健康发展，保监会印发《信用保证保险业务监管暂行办法》（保监财险〔2017〕180号）。这是我国第一部关于信用保证保险业务的监管文件，标志着我国信保业务正式步入审慎监管与稳步发展阶段。

2020年5月8日，中国银保监会在《信用保证保险业务监管暂行办法》（保监财险〔2017〕180号）基础上进一步修改完善，正式发布了《信用保险和保证保险业务监管办法》，同时配套《融资性信保业务保前管理操作指引》和《融资性信保业务保后管理操作指引》两大操作指导文件，进一步划清了我国信保业务发展赛道。

其实，我国将信用保险与保证保险进行合并，除了统计、分类和方便监管外，并无太大的实际意义。毕竟信用险和保证险的险种各有特点，不能混用。况且在与国外对标时，无法按照合并口径进行对比分析，原因是美国、欧洲等两险发达国家均无合并口径的统计指标，而是直接按具体险种进行分类分析。由于涉及不同的经营类型和场景，客户也可分为对公和个人，因此在我国各家保险公司实际展业时也多将信用险和保证险拆分至两个甚至多个部门经营，只是在报送监管统计指标、实施独立监管时将相关指标进行汇总和联合统计。

三、车贷险引发的第一次审慎监管

在我国，信保行业的发展总是起起伏伏。细心观察，行业的每一次快速发展、每一次刹车回调之中都有监管的影子。哪个行业又不是呢？

20世纪末，我国融资性保证保险政策取得突破性进展。1997年7月，中国人民银行批准平安保险公司试办汽车分期付款销售保证保险业务，标志着我国首个融资性保证保险备案成功。随后，太平洋保险、天安保险、中国人民保险等公司相继推出类似险种，开启了保证保险支持汽车贷款或分期业务的序幕。

1998年，亚洲金融危机肆虐，我国经济需要提振发展。为了扩大内需，当年9月，中国人民银行颁发《汽车消费贷款管理办法》，掀起了我国汽车金融发展的第一次浪潮。

产品备案取得成功，行业又得到监管机构鼓励发展，汽车信贷和汽车贷款保证保险市场迅速发展。据统计，汽车贷款保证保险自推出后以年均200%以上的速度维持了五六年的高速增长。据相关报道，2003年北京和上海的汽车消费贷款余额分别环比上涨了90.6%和105%，截至2003年11月贷款余额已经超1 800亿元。

这次浪潮来势汹汹，去势也汹汹，车贷行业诈骗、资金挪用、恶意拖欠、经营不善、三角债等现象层出不穷，导致银行信贷违约率和保险公司赔付率居高不下，最终草草收场，同时也引发了银行与保险公司相互诉讼的一地鸡毛。

2004年1月,针对车贷险市场中存在的突出问题,保监会紧急下发《关于规范汽车消费贷款保证保险业务有关问题的通知》,要求保险公司加强集中管理,重新制定车贷险条款费率,建立完善风险控制机制,规范车贷险业务。

2005年3月,保监会再次下发《关于进一步做好汽车消费贷款保证保险风险防范与化解工作的通知》。在这份通知中,保监会披露了车贷险的不良情况:截至2004年12月31日,全行业尚有未了责任419.56亿元,逾期三个月本息额合计26.69亿元。

至此,我国汽车消费保证保险业务基本处于暂停状态,直到美国爆发次贷金融危机,国务院办公厅于2009年3月20日公布《汽车产业调整和振兴计划》和《当前金融促进经济发展的若干意见》后,汽车消费贷款才被重新列入鼓励发展计划。随后,商务部联合多部委下发《关于促进汽车消费的意见》,提出保险业还是应稳步发展汽车消费保证保险业务,并将其列为保险业积极促进国内汽车消费的一项重要举措。同年6月,保监会发布《关于促进汽车消费贷款保证保险业务稳步发展的通知》,标志着沉寂五年之久的汽车消费贷款保证保险业务重新开展起来。

通过回顾车贷险业务的发展历史,我们分析得到2000年前后车贷险发展失败的四点原因:一是信用体系不健全,大众缺乏信用意识,同时国家信用基础设施以及信用监督和惩罚机制不完善;二是车贷险业务的保险责任界定、条款设计不合理,容易诱发借款人道德风险;三是保证保险法律法规建设滞后,银保合作机制不成熟;四是银行、保险公司普遍对于汽车消费贷款业务的研究不深入,内控制度和风险控制制度不健全,缺乏对汽车消费信贷的风险认知和控制经验。

令人遗憾的是,在十年后的2019年,以汽车融租、二手车抵押贷款为主要形态的汽车贷款保证保险再一次陷入了超额赔付的困境。回首分析,除了经济下行的客观原因外,内控制度和风控管理不严、渠道公司骗贷骗保和内外串通联合作案再次成为主要内因,再一次暴露出保险公司对信用保证保险的业务风险和运营规律认识不足、团队能力建设不足、内控案防与内部审计不严等深层次问题。甚至有人评论:十年的时间,我国信保从业人员流动性过大,并没有培养出一批素质过硬、专业度较高的稳定从业队伍,这是保险公司的悲哀,也是信保整体行业的悲哀。

四、P2P引发的第二次审慎监管

进入2010年,我国信用保证保险的理论与实践认知基本成熟,信用保证保险作为一种"独特"的、有别于担保的增信安排已被金融监管、理论界和业界广泛接受,行业统计与监管步入正轨,发展进入蓬勃发展快车道。

此时,我国金融行业恰逢鼓励创新的历史阶段,互联网贷款、互联网存款、第三方便捷支付与微信红包、P2P等金融创新如雨后春笋般出现,在发挥对金融传统业态"鲶鱼效应"的同时,也伴随着"鱼龙混杂"和"泥沙俱下"。P2P作为覆盖"存""贷"的类银行金融创新,无门槛的行业准入迫切地需要其他权威力量的增信与加持，在资本与需求的强烈驱动下自然找到了具有"增信"作用的信用保证保险持牌机构。

在众多保险公司之中，长安责任保险公司参与 P2P 时间最早，也最为激进。2014 年开始，长安责任保险公司和钱吧金融、融金所、邦融汇等多家 P2P 平台公司合作，为其放贷业务提供"履约保证险"服务，开展业务早期，保费收入增长可观。据该公司 2015—2017 年年报披露，三年期间该公司保证保险共赚取保费 4.56 亿元、承保利润 0.76 亿元，2016 年保费增长率高达 210%。

然而进入 2018 年后，随着上述平台接连爆雷，长安责任对外赔付陡增：截至 2018 年年末，长安责任保险公司累计对外赔付 20 余亿元，核心、综合偿付能力降至 –185.93%，已严重超过监管要求。2018 年 12 月，银保监会要求其停止接受除车险和责任险以外的新增业务，并停设分支机构。2019 年 5 月，银保监会再次下发监管函，要求限制董事、监事、高管薪酬水平，责令其上海、山东、河南及宁波 4 个省（市级）分支机构停止新增责任险业务。

该事件直接导致长安责任保险公司净资产降至负数，从 2017 年年末的 7.16 亿元降至 2018 年年末的 –10.22 亿元，无奈之下只得"卖身"，启动资产重组。2019 年 8 月，在当地保监会主持下，长安责任保险公司增资 16.3 亿元，由国厚资产和蚌埠高投全额认购。增资后，两位新股东成为长安责任保险公司前两大股东，分别持股 31.68%、18.45%，合计持股超过 50%。

在 P2P 和保证保险发展史上,"侨兴债"案件不得不提。2014 年,侨兴集团两个子公司在"招财宝"平台发行了两款私募债券,本息合计 11.46 亿元。该业务由原广发银行惠州分行出具担保函、由浙商财险公司承保履约保证保险。2016 年 12 月 15 日,债券到期后侨兴集团无力兑付,招财宝要求原广发银行履行担保义务,却牵扯出履约保证保险的"萝卜章"事件。

2016 年 12 月 26 日,原广发银行总行发布声明,"侨兴债"相关担保文件、公章、私章均系伪造。广发银行通过自曝刑事案件躲避了连带责任,但招致银监会开出 7.22 亿元的史上最大罚单。无奈之下浙商财险公司最终吞下苦果,只得承担了全部责任,但也招致严重经营后果:2016 年净亏损 6.5 亿元,2017 年亏损 9 亿元;核心偿付能力最低降至 45%,只能通过原股东增资 15 亿元自行买单;涉事高管降职,共计缴纳 202 万元的罚款;公司暂停接受保证保险新业务 1 年。

深陷 P2P 风波的保险公司不在少数,众多知名头部保险公司也未能幸免。但其中平安财险的负面影响最小,主要原因是其通过与陆金所合作实现了业务和风险的内部闭环,加之陆金所整体经营平稳并最终于 2020 年 4 月成功申请消费金融公司牌照而平稳上岸。

在应对 P2P 经营风险系列事件上,保监会的监管提醒走在了前面。早在 2016 年年初 P2P 发展如火如荼之际,保监会便下发《关于加强互联网平台保证保险业务管理的通知》(保监产险〔2016〕6 号),对 P2P 平台经营风险进行提示,要求保险公司严格审核互联网信贷平台的资质和经营状况，加强信息披露和消费者权益保护，坚持"小额分散"原则对底层资产进行筛选，采用审慎态度对待并定期开展压力测试，制定并贯彻互联网平台保证保险业务经营情况季度报送制度，妥善处置突发性事件，避免了群体性风险事件的系统性风险。

2017年4月23日，保监会进一步发布《关于进一步加强保险业风险防控工作的通知》，强调保险公司须密切跟踪关注信用保证保险、互联网保险等各类新型保险业务，要求保险公司在经营信用保证保险、互联网保险时坚持"小额分散"的经营原则，坚决停办底层资产复杂、风险不可控、风险散口过大的业务。

2017年7月，为从根本上规范信用保证保险经营行为，加强行业监管，防范系统性金融风险，促进信保业务持续健康发展，保监会印发了我国信用保证保险的第一部专属管理办法——《信用保证保险业务监管暂行办法》（保监财险〔2017〕180号）。该办法从偿付能力、行业禁止行为、互联网信贷平台准入标准、内控管理、风险管理原则、监管与统计报送等方面对信用保证保险业务进行全方位规范，标志着我国信用保证保险行业步入稳健、审慎发展阶段。

2020年5月9日，银保监会对外发布《商业银行互联网贷款管理暂行办法（征求意见稿）》，正式叫停P2P业务。2020年5月19日，银保监会官网发布《信用保险和保证保险业务监管办法》，禁止保险公司为不具有合法融资服务资质的资金方提供信保服务，正式宣告保证保险承保P2P的历史终结。

五、小结

进一步思考，我们会发现导致我国信用保证保险监管历史上混乱提法的深层次原因有两点。一是保证险商业需求的复杂化，从两方保险演变为三方保险；二是不同于美欧等国的国情，在发现保证险定位问题时我国《保险法》和《担保法》的分业监管框架已然形成，在国外作为"跨界选手"的保证保险业务无法在国内混业经营，只能在最适用自身监管的框架下发展出一条独特的理论与实践路径。这也是我国保证保险有别于其他国家的最主要方面。

我国早期引入的信用保险和保证保险均属于传统保险业务，只涉及两方当事人：作为保险人（或保证人）的保险公司和作为被保险人（或被保证人）的投保人（自然人或企业），内容往往是对被保险人（或被保证人）品行无缺的认可或是对企业产品质量、保修期限的保证，虽然有时保险目的是对第三方权利人提供保证，但第三方权利人往往并不知情。因此，这时的监管多是将保证保险与信用保险同列，共同作为财险保险的组成部分。

后来，随着商业需求逐渐复杂化，出现了单独针对另一个基础合同的履约信用的保证保险需求，此时，针对特定第三方的保证保险出现了。此时的保证保险与之前的重大区别在于：被保险人从基础合同的义务人变为权利人，保证保险合同涉及了保险人（保险公司）、基础合同义务人（投保人也是被保证人）和基础合同权利人（被保险人)。

此时监管方面遇到了难题。与美国保证保险直接从事保证担保业务、适用于同一法律的情况不同,此时我国已经出台了《担保法》,这种针对特定第三方的、具有担保性质的保证保险显然不能适应《担保法》的相关要求,因此,我国需要在《保险法》框架下形成一套单独针对保证保险的理论框架与实践操作标准,于是针对我国保证保险定性问题的长达十年的大争论就此开始了。

这是我国信用保证保险监管历程上的一个插曲,此次回顾是想说明:我国信用保证保险的监管体系实际上存在一个"舶来—自我思辨—形成独特体系"的发展过程。

历史的发展有其偶然性,但总是滚滚向前。回头讨论过往对错已然失去意义,而作为信保行业的从业机构和管理者更应该思考:如何通过自身的实际行动和行业的稳健、快速发展令这枝"具有中国特色的信保之花"绽放得更加光彩夺目。

第二节 信用保证保险监管要义

我国金融监管史上涉及信用保证保险的文件有很多,尤其是针对融资性保证保险业务鼓励发展与风险提示的文件曾于2015年前后密集出台。在这些文件之中,《信用保证保险业务监管暂行办法》(以下简称《暂行办法》)、《信用保险和保证保险业务监管办法》和《融资性信保业务保前、保后管理操作指引》具有跨时代意义,《暂行办法》更是我国金融监管历史上第一部针对信用保证保险行业的专属法规,标志着我国信用保证保险监管正式进入审慎、稳健阶段。

一、《信用保证保险业务监管暂行办法》主要内容

作为我国信用保证保险行业第一部专属监管文件,《暂行办法》第一次对信用保证保险进行了官方定义:"信用保证保险,是指以信用风险为保险标的的保险,分为信用保险(出口信用保险除外)和保证保险。信用保险的投保人、被保险人为权利人;保证保险的投保人为义务人、被保险人为权利人。本办法所称履约义务人,是指信用保险中的信用风险主体以及保证保险中的投保人。"

《暂行办法》的发布标志着关于信用保险与保证保险区别与联系的市场大讨论就此画上句号,区别方法不再探究两险深层次的内涵区别,而仅以保险公司、权利人和义务人三方的身份与投保动作进行了区分。

彼时的 P2P 尚未被取缔,保监会并未全面禁止保险公司与 P2P 平台的合作,而是严格明确了 P2P 平台的准入标准,并要求保险公司对合作名单进行总部准入,加强合作内容的对外告知与宣传口径的共同

管理，防止虚假宣传，同时强调了 P2P 合作项下信保业务的投保人自留风险的最低要求，严禁保险公司对风险进行全额兜底，并有效防控投保人道德风险。这一监管思路后来被进一步扩大使用至信保所有业务品类，即鼓励保险公司与履约义务人共担风险。

《暂行办法》对核心偿付能力充足率和增信杠杆倍数也进行了规定：经营信保业务的保险公司的季度核心偿付能力充足率应当不低于 75%，且综合偿付能力充足率不低于 150%，达不到要求的要暂停新增业务。杠杆倍数的要求为：信保业务自留责任余额不得超过保险公司上一季度末净资产的 10 倍，单个履约义务人及其关联方承保的自留责任余额不得超过上一季度末净资产的 5%，且不超过 5 亿元。这令人想起《巴塞尔协议》对银行资本充足率和贷款集中度的要求，虽然保险公司 10 倍的杠杆率较银行二三十倍的杠杆率低，但毕竟信保业务只是保险公司众多业务中的一项业务，计算分母更为保险公司整体净资产，因此单纯信保业务的杠杆倍数实则更高，比消费金融公司、担保公司拥有更高的优势和经营空间。

另外，保监会规定了信保业务的禁止领域，包括：资产证券化、债权转让以及非公开发债和 AA+ 以下的公开发债；不得事前保险，不得拆分保单期限或保险金额，不得通过补充协议变相改变产品审批或备案等。

最重要的是，保监会首次对信保业务提出了审慎的监管和内控管理要求，包括要求建立专门的机构和团队进行专业经营，建立覆盖融资全生命周期的保前、保中、保后和逾期催收管理流程，建立风险预警机制和抵质押管理措施，应秉持单独核算和"小额分散"原则开展业务，要同资金方或履约义务人一起建立风险共担机制；信保业务应坚持年度经营报告制度和重大风险事件报送机制。

上述内容与银行信贷业务监管十分相似，说明保监会已经充分提示了信保业务的类信贷业务特点，虽然信保牌照风险容忍度高，但同样需要参照信贷业务管理机制进行逐笔地、精细地、审慎地开展经营，否则将违背事物发展的客观规律，会再次面临诸如"侨兴债"的风险事件惩罚。

二、《信用保险和保证保险业务监管办法》主要内容

《暂行办法》发布于 2017 年 11 月，实施期限为 3 年。就在《暂行办法》发布的一年后，银监会和保监会合并，银行业和保险业迎来了混业监管的新时代。《暂行办法》在实施两年后的 2019 年 11 月份，由合并成立后的银保监会进行修订，并下发至各地分局和财产保险公司征求意见。经过半年时间的讨论修改，银保监会于 2020 年 5 月 8 日正式印发《信用保险和保证保险业务监管办法》（以下简称《监管办法》），并对融资性信保业务设定了 6 个月的整改过渡期（整改结束期为 2020 年 11 月 7 日），并明确要求过渡期满仍不符合整改要求的，不得开展融资性信保业务。

按照惯例，既然老办法明确了实施期限，如无特殊情况，新办法会在老办法失效前夕发布。但《监管办法》却在老办法失效前半年即发布生效，同时对行业现行业务设定了半年的整改期，足以表明监管部门的急迫以及对当时行业做法的担心与不满。

《监管办法》共五章35条，最主要的调整是删除了原办法中反复提及的互联网信贷平台业务及相关要求。背后原因不言而喻：此时的P2P已被正式取缔。另外，进一步加强了对融资性保证保险业务的监管要求，进一步细化了保险公司类别、资质要求、经营范围、禁止行为的规定。《监管办法》的主要内容及其与《暂行办法》的主要差异点如下。

（一）经营规则小幅放松，明确融资性信保业务监管要求

首先我们注意到，《监管办法》在介绍信用保证保险概念及分类时，并没有像《暂行办法》那样将出口信用保险排除在信用保险分类之外，而是整合进来一并纳入行业统计与监管之下。当然，由于我国出口信用保险的主要份额在中国出口信用保险公司，其他保险公司开展出口信用保险的业务规模较小，因此这一变化对行业和统计监管整体影响不大。

对于监管对象，《监管办法》明确了不仅包括开展信保业务的财险公司，还包括专营信用险和保证险的财险公司。区别于其他财险公司，专营信保公司拥有独立的监管政策，政策一事一议未体现在《监

管办法》中。截至目前,我国的专营信保公司只有中国出口信用保险公司和阳光信用保证保险股份有限公司。

在经营原则要求方面,《监管办法》较之《暂行办法》删除了"稳健审慎"的监管要求,只保留了"依法合规、小额分散、风险可控"。同时强调"保险公司的信保业务应在偿付能力和资本约束基础上,谨慎评估风险和运营成本,准确测算风险损失率,并结合履约义务人的实际风险水平和综合承受能力,合理厘定费率,开展与自身实力和风险管理能力相匹配的信保业务"。

《监管办法》对偿付能力充足率和承保杠杆倍数的要求没有变化,依然坚持"核心偿付能力充足率不低于75%""综合偿付能力充足率不低于150%""自留责任余额累计不得超过上一季度末净资产的10倍"的要求;对单个履约义务人及关联方的承保集中度也没有变化,最高为5%,但是《监管办法》删减了单户余额不得超过5亿元的限制要求。

在此基础上,《监管办法》单独增加了对融资性信保业务的监管要求:在承保杠杆倍数方面,"融资性信保业务自留责任余额累计不得超过上一季度末净资产的4倍,其中承保普惠型小微企业贷款余额占比达到30%以上的,承保倍数上限可提高至6倍";在单个履约义务人及关联方的承保集中度方面,"融资性信保业务单个履约义务人及其关联方的自留责任余额不得超过上一季度末净资产的1%"。需要强调的是,上述融资性信保业务要求不针对专营性保险公司。

（二）禁止性条款有所收窄，信保业务范围适当拓宽

债券的增信承保的范围和门槛未发生变化，仍只能承保 AA+ 及以上的债券，但专营信保机构除外。重大的变化在于：《暂行办法》禁止信保机构从事类资产证券化和债权转让行为，但在《监管办法》之中予以放松——可以承保底层履约义务人没有发生变更的债权转让业务，可以承保银行机构发起的资产证券化业务。鉴于金融衍生品的高风险性，《监管办法》特地明确禁止从事相关业务承保。

由于彼时 P2P 已被列为非法，《监管办法》的禁止性条款中特地强调："承保融资性信保业务的被保险人不得为不具有合法融资服务资质的资金方。"从信用保证保险的定义得知，信保业务的被保险人均为履约权利人，而具备合法融资服务资质的履约权利人基本就限定在很小的范围，要么是具有合法放贷资质的机构，如银行、消金公司、小贷公司、信托公司等，要么是诸如 ABS（Asset-Backed Securities，资产证券化）、ABN（Asset-Backed Notes，资产支持票据）、债券发行等直接融资方式中的合法出资人。当然，对于《暂行办法》中 P2P 平台的准入标准及其合作项下信保业务的投保人的自留风险的最低等要求，在《监管办法》中一律删除。

另外，为了与保证担保业务进行区隔，《监管办法》还明确禁止信保机构开具类似担保函件的行为，虽然类似的做法在美国是合法的常规操作。

（三）大幅细化内控和风险管理，倒逼业务创新改革

《监管办法》进一步强调了由"总部集中管理、统一开展信保业务"的原则，进一步放松了对于分支机构的人员管理要求，只提到销售、核保等关键岗位不得兼职，而不是《暂行办法》中的"分支机构应当设立专职人员负责保前风控、保中审查、保后管理，以及逾期后的催收、理赔、追偿等工作"。

《监管办法》对信保机构的风控管理能力提出更为细致、严格的要求。针对覆盖全流程的业务系统，不同于以往"鼓励开发信用评级模型、追偿等系统"的表述，《监管办法》明确要求"业务系统应具备反欺诈、信用风险评估、信用风险跟踪等实质性审核和监控功能，融资性信保业务系统还应具备还款能力评估、放（还）款资金监测等功能"；要求保险公司对"投保人身份信息真实性进行验证"，应对"履约义务人的资产真实性、交易真实性、偿债能力、信用记录等进行审慎调查和密切跟踪，防止虚假欺诈行为"；不得"将风险审核和风险监控等核心业务环节外包给合作机构"；应"建立风险预警机制，针对主要风险类型，设定预警指标和参数，做到早预警、早介入、早处置"；应"结合信保业务发展战略和当前的风险状况，制定风险偏好策略，采用定性、定量相结合的方式，确定信保业务的风险容忍度和风险限额，根据公司风险承受能力，进行与之匹配的再保险安排"；还首次提出了"流动性管理的半年压力测试"和"融资性信保业务每

季度开展压力测试"的要求。

显然,传统的、线下的管理方式无法实现上述监管要求,倒逼信保机构进一步顺应大数据量化风控新趋势,积极探索互联网、线上化金融科技新技术并积极应用到管理流程之中。

《监管办法》还首次细化了对于三方合作机构的管理要求,要由"总公司制定合作模板,明确双方权利义务",要制定"对三方公司的管理制度,在准入、评估、退出、举报投诉等方面提出明确要求"。对于委外催收,应通过合同加强对催收机构的行为管理。在个人信息保护不断强化的大背景下,信保机构在与三方征信机构进行数据对接时,应"建立数据保密管理制度,不得泄露客户信息",不得利用客户信息牟利或用于其他与原业务无关的活动。

《监管办法》依旧强调财务报表的真实性,尤其强调了对追偿款的确认和计量规则;增加了每季度对追偿款的回溯评估的条款,更细致地提出了确保报表如实、及时反映真实情况的要求。依旧强调将信保业务纳入内部审计,其中融资性信保业务应每年审计,在审计内容的规定上,在"业务经营、风控措施、准备金提取、业务合法合规"基础上进一步增加了"制度建设、财务核算、系统建设"三项内容。

同时,《监管办法》进一步加强了消费者权益保护。明确要求"按照互联网保险业务监管规定"进行信息披露;业务系统要"完整记录和保存互联网保险销售行为信息,确保记录全面、不可篡改",确保操作和决策流程可追溯;应制定"全国统一的投诉、理赔电话,并予以公示"。

（四）监管规定动作趋紧趋严，与属地监管保持良好沟通成为必修课

在监管分工上，《监管办法》再次重申了"总部统筹、属地落实"的分工定位，同时将突发事件报告机制放在更为重要的位置。

在例行报告方面，年度经营情况报告从每年 4 月底提前至 2 月底前完成报送，报告内容提示更为全面：除了需要报送各项经营成果、赔付和追回情况外，还要报送管理制度、组织架构、队伍建设和系统建设等管理内容，重点需揭示关联方、再保险、业务问题及风险处置、消费者投诉处理等方面内容。另外，应于每年 4 月底前报送信保业务审计报告（如涉及融资性信保业务的报送年度审计报告）以及年度压力测试报告；其他例行压力测试报告应于每季度后 15 个工作日内报送。

在监管惩罚方面，《监管办法》较之《暂行办法》更具操作性。《暂行办法》中只是提到涉及违规业务的按照《保险法》进行处罚，至于如何处罚没有细则。而《监管办法》中则直接明确了处罚措施，如不满足核心偿付能力充足率要求的，属地监管可责令停止接受信保新业务；发现产品设计和其他问题的，属地监管可以采取责令停止使用条款费率、限期修改、监管谈话、限期整改、通报批评、行政处罚等监管措施，情节严重的，可以在一定期限内禁止申报新的条款和费率。

在一众检查项目中，偿付能力充足率、财务指标、催回资金计算等数据报送及时性和准确性是监管和处罚重点。2023年1月5日，中国银保监会财务会计部（偿付能力监管部）发布《关于四家保险公司偿付能力数据不真实问题的通报》，公布了2022年偿付能力真实性检查中浙商财险、安诚财险、人保寿险、友邦人寿四家保险公司的数据不真实问题，问题均集中在对低资本计提、流动性风险指标测算、偿付能力和风险评级数据填报四个方面。这些错报现象并非偶然，反映出在影响核心经营指标的数据报送方面，从业机构往往并非无意之失。

三、《融资性信保业务保前管理操作指引》主要内容及启示

为进一步细化《信用保险和保证保险业务监管办法》各项要求，强化融资性信用保险和融资性保证保险业务全流程操作规范，防范化解经营风险，保护保险消费者合法权益，银保监会于2020年9月14日（《监管办法》出台4个月后）继续下发《关于印发融资性信保业务保前管理和保后管理操作指引的通知》（银保监办发〔2020〕90号）。自此，我国信用保证保险行业"一个办法、两个指引"的监管制度框架宣布建成，融资性信保业务正式步入稳健发展阶段。

《融资性信保业务保前管理操作指引》（以下简称《保前指引》）与银行业信贷管理有很多相似之处，尤其在对履约义务人身份及风险

的识别、量化、决策与新技术的应用方面,操作与管理的方法论完全相同。由此可见,信保机构完全可以借鉴信贷管理与技术创新的诸多优秀做法,充分利用组织机制灵活、产品迭代快速、创新与试错空间大的特点,迅速提高自身技术实力和管理水平,在努力锻造自身核心竞争力的同时争当金融科技和先进管理手段的创新者和示范者。

《保前指引》共分为六章,分别对基础概念进行了辨析,并对融资性信保业务的销售、核保、合作方管理、产品、系统和信息五方面管理操作进行细致要求,我们结合实际操作将重点内容介绍如下。

(一)基础概念重点明确了债权转让和资方合作范围

《保前指引》总则中介绍了很多基础概念,例如履约义务人、自留责任余额、小微企业、非银机构、普惠型小微企业贷款占比等,在此不再赘述。对于该部分,我们需要重点关注三方面。一是对于债权转让业务,只可承保两类债权:保前已债权转让的,仅限于首次转让的债权;保后债权转让的,仅限于变更被保险人的转让。也就是说,对于保前已转让两次及以上的债权,不可承保;保后基础合同的履约义务人不可改变,否则保单自行失效。保后被保险人变更时,保险公司应及时与投保人明确变更事项,并通知或要求通知到履约权利人和义务人。二是明确了可合作资金方的范围,具体包括银行、信托公司、消费金融公司、金融租赁公司、理财子公司、财务公司、贷款公司、金融资产管理公司、金融资产投资公司、汽车金融公司、小额贷款公司、融资租赁公司、商业保理公司。三是界定了互联网融资性信保业务，即销售或核保、承保在线上完成的融资性信保业务。

（二）销售环节重点在于客户自主选择和操作规范性

保险公司要优先确保消费者的知情权、自主选择权，不得默认勾选。通过销售从业人员展业的，应制定统一话术，加强培训和人员管理，防止欺骗、隐瞒、诱导等销售行为。

通过线下方式销售的，应严格执行"双录"要求，录制内容至少包括销售人员出示身份证明、投保提示书、产品说明等资料，销售人员的告知动作以及投保人的明确答复、签署的所有文件。

通过互联网销售的，系统应对消费者身份核验、告知、签约、支付等关键环节、关键证据进行存档记录，确保销售行为可回溯；可通过H5（Hyper Text Markup Language 5，第5代超文本标记语言）或弹窗等方式由客户点击进入投保流程；对于知情权的确认，可参照线上理财产品购买方式，通过"一键键入"本人已知晓内容予以实现；利用合作互联网平台销售的，应定期检查信息披露的真实性、准确性和充分性，避免夸大和诱导消费。

（三）风控制度框架与流程管理是核保关键

不同于其他险种，核保管理是融资性信保业务最为重要的环节，很大程度上决定了险种的经营健康度。类似于银行的信贷管理，融资性信保业务核保管理的核心是风险管理，涉及风控管理框架及方法论等相关内容。

首先，核保管理的组织原则是：统一管理和分级授权。核保必须坚持总部集中管理，包括产品的研发、流程的制定、风控操作设计以及对整个产品线运行的统筹管理；分支机构在总部统一管理下开展业务，负责产品执行和操作，总部对不同级别的分支机构采取分级授权方式实现风险与经营的动态平衡。在实际操作中，分级授权的内容范围可以灵活多样，授权内容包括产品类型、客群类型、准入标准、保额上线、保费价格等。另外，可围绕上述维度针对不同管理能力的分支机构、不同管理层级和不同操作岗位的人员设定不同的账号管理权限。

分级授权一定要配套最高风险决策机构及配套决策机制，决策机构可以是首席核保官这一岗位，也可以是一个集体议事规则（常以风险管理委员会或核保管理委员会的形式出现）；决策机制可以是首席核保官"一支笔"，也可以由风险管理委员会或核保管理委员会通过既定的议事规则最终确定。

最高风险决策机构是最终的审批部门以及分级授权的权力源头，

理论上，授权可以层层传递或转授权，当然也可以禁止转授权，从而使所有的授权均为来自最高风险决策机构的单独授权。针对已授授权应进行名单制管理，每次授权应设定期限并按照一定频次进行更新或调整。针对一些特殊情况可以进行临时授权或授权调整，比如一些处于推广阶段的试点险种，或者对于风险暴露较高的分支机构临时收回管理权限。

分级授权制度是层级式、传统信贷组织架构下风险管理的根本制度，但在高效展业倒逼下也受到新型组织方式的挑战。比如在银行业，随着直销银行、互联网银行的出现，扁平式、点对点式、事业部制、总部直营式管理框架应运而生。与之相适应，风险审批授权管理框架与流程势必发生变化。新型组织方式的出现使得分级授权的重要性被削弱，尤其是在扁平式、总部单点式风险管理方式上更多地被产品规则、部门间配合机制所替代。

其次，风控流程设计是重中之重。与贷前审核流程类似，融资性信保业务应建立独立的核保流程。主要环节包括产品定位与客群选择、准入标准、身份真实性核验、反欺诈、风险等级与信用评分、授信与额度管理、承保出单等。当然在实际操作中，由于信保出单要与银行信贷流程相结合，因此真实流程要复杂得多，尤其对于全线上业务，如果仅通过"信保风控审核—银行风控审核"简单串联方式设计保前、贷前审核流程，则客户体验将惨不忍睹。因此，在重点的操作节点，如产品定位与客群选择、准入标准、大致的信用评分机制、粗略的授信和额度规则等方面，信保机构最好与银行提前对齐，并将收集和生成的信息实时共享，尽量减少多方多次做同一件事而影响客户体验；对于人脸、二三四要素鉴权等身份核验操作、短信通知、支付、合同电子签等系统交互环节，信保机构最好与银行就共享与互认事先达成一致，争取保前、贷前只做一遍。

对于反欺诈管理，《保前指引》特地强调：需根据反欺诈类型建立不同的评估标准及处理措施，内容至少包括保险标的真实性核验、履约义务人提交信息真实性、行为合理性，通过与资方共享履约义务人信贷信息以及查询内外黑灰产名单等方式确保义务人不存在欺诈记录。

在实际操作中，欺诈风险是风险敞口最大、管理难度最大且造成损失最大的一类风险，防范的核心是对义务人恶意骗保骗贷行为的识别和及时处置。这项工作与防范网络安全恶意攻击类似，始终处于"魔高一尺、道高一丈"的过程中，这要求反欺诈风控人员需及时了解新型欺诈手段并争取利用互联网方式予以识别与防控，需要具备持续的学习与创新能力。

目前较为常见的反欺诈手段有广泛对接外部黑灰产名单，通过网络拓扑技术挖掘义务人与欺诈分子的关联可能性，通过对手机生物指针、陀螺仪、定位等硬件信息分析欺诈人员批量作案可能性，通过短信信息挖掘、SDK（软件开发工具包）信息分析、过往信息记录等判断欺诈概率。在个人信息保护越发严格的当下，上述操作的合规性和有效性遭遇了挑战，因此信保机构应及时跟踪法律法规惩处边界、个人信息保护的前沿创新和有益做法，在严格保护个人信息基础上实现反欺诈效果最大化。

信贷风险控制的重心是判断义务人的还款意愿和还款能力。反欺诈管理一定程度上解决的是还款意愿的问题，而风险等级与信用评分解决的则是还款能力问题。还款能力预测的解决思路主要是通过建立信用评级模型对义务人的预计违约率、风险等级、资信状况进行量化分析，配合保额核定模型（也称授信模型）、保费定价模型（也称利率定价模型）等最终给出是否承保、保额多少、利率多高的决策。对于信用评级模型，《保前指引》要求一年至少调整一次。

在义务人准入方面，《保前指引》也给出了具体指导。个人的准入要素（或评判标准）至少包括自身特征（应年满18周岁以上，在校大学生除外）、信用状况（有稳定收入和一定还款能力）、资产状况（没有入不敷出，信用记录良好）、借款用途（应尽可能监控）等；企业的准入要素（或评判标准）至少包括股权结构（不混乱，好的股东为加分项）、经营情况（有稳定可支配收入）、财务状况（负债控制在合理水平，资产结构好，现金流稳定）、法定代表人（个人资信水平、管理能力与履历经验）等。

有些融资性信保业务通过增加义务人抵质押为债务履约提供第二还款来源，以期增加还款安全性或在风险发生后增加风险缓释手段，这需要建立严格的抵质押品管理制度。在过往的银行信贷发展史上，曾经发生过多次大规模"坏账潮"，而其中很多都与抵质押品的管理失误有关。抵质押品管理是一门专业性极强的综合学科，涉及法律、行业与价格研究、欺诈和操作风险的识别与管控等多个领域。信保机构应建立抵质押品管理制度，至少包括押品管理原则、评估方法及频率、押品的权利设立及变更流程、存续期管理、返还和处置等内容；对押品的选择，要遵循"真实存在、权属清晰、价值评估客观可量化、变现能力强"的客观规律。最为重要的是，信保机构切勿将抵质押动作作为确保债务履约的唯一风险抓手，第二还款来源即使十分准确和足值，不能也无法替代对第一还款来源的判断。

（四）对三方合作提出细致要求

对合作方管理的总原则是"总部统筹，权责明确"。总公司要制定销售、资金方、催收追偿、信息服务等合作方管理制度，明确准入标准、评估方式和退出机制；要分类制定统一的合作协议模板对双方权责义务进行明确。即使这样，保险公司也无法完全规避对合作机构的管理责任及其连带影响，因此应定期检视，并制定应急事件处置方案。另外，《保前指引》还强调了业务对接过程中的信息安全问题，相关操作应符合《中华人民共和国个人信息保护法》等相关法律、法规要求。

融资性信保业务的合作方可分为多种，对不同类型合作方，《保前指引》提出了不同的门槛要求：对于保险专业中介，应取得银保监会颁发的相关经营保险中介业务许可证，该中介不能聘用禁止从业或终止执业的人员；对于保险兼业代理机构，应满足近3年无重大行政处罚、未列入失信联合惩戒、未受到保险行业惩戒、近5年没有严重失信不良记录等要求，同时应具备保险业务信息系统，且能够实现业务、财务数据的单独统计查询；对于押品评估公司，应实行名单制管理，定期开展评估，动态调整合作名单；对于支付服务机构，应取得相应业务类型的支付业务许可证，且收费项目和收费标准要完成备案并公开披露。

（五）严格遵循产品事前报备制度

《保前指引》对产品管理的要求并不是很多，最重要的是应事先报备保险条款和保险费率，保险条款中应列明保险金额、保费的计算及缴纳方式。严禁通过特别约定或补充协议方式变相更改产品备案。

虽然监管部门重点关注产品中的保险要素内容，但保险公司实际展业中的产品管理内容更为丰富。上文提到，在互联网产品盛行、分级授权越发淡化的发展趋势下，信保业务产品管理规定和内部实施细则的作用越发重要。产品定位、客群选择、费率定价、操作流程、授权管理、三方公司管理、系统和信息安全管理、核保核赔、保后管理、风控流程甚至是风控偏好和规则策略都是与该产品高度匹配的，因此，信保险种的产品规定是纵向覆盖全周期、横向覆盖所有操作原则和实施细则的全面操作规范，是一个险种的"灵魂"。

（六）信息系统建设要全面保障业务和监管

系统和信息管理要做到能够支持前面提及的所有业务功能与监管要求，包括能够支持业务操作全流程、分级授权管理、保前保后风控管理，能够支持身份核实、准入校验、反欺诈校验，风控模型建设，以及定价等各个环节的规则配置；应具备单独的核保模块、产品定价和核算模块、反欺诈审核规则；能够详细记录操作流程和重点要素，做到全流程可回溯；能够支持设置抵质押物类型、抵质押次数、抵质押物信息（所有权人、产权号）、评估价值、抵质押率等信息要素；支持与三方合作机构的对接与风险隔离；支持开展联合演练与测试。

系统要支持满足监管要求和统计需要，如限额管理功能，做到密切监控融资性信保业务整体限额及自留责任余额、承保的普惠型小微企业贷款余额、单户履约义务人自留责任余额；同时实现必要的网络安全防护，确保符合《中华人民共和国个人信息保护法》及相关法律、法规的要求。

四、《融资性信保业务保后管理操作指引》主要内容

保后管理是从签署保单到保险责任履行完毕以及后续追偿过程中所发生的管理行为的统称，主要包含保后监控、逾期催收、理赔处理、追偿及投诉处理等五个环节。上述五个环节首尾相接，共同围绕保后各阶段风险识别与控制这一中心目标展开。与传统险种相比，融

资性信保业务受履约义务人还款能力和还款意愿的影响，风险更为复杂多变，超赔可能性更高；对于在保客户中意愿和能力较弱的群体，保后管理的力度大小直接决定了该笔业务超赔的概率。

保后监控类似于贷后监控，是指从承保后到理赔前的保单生效期间，对履约义务人的风险监控、风险预警及相应的控制措施的统称。对于到期正常履约的保单，随着履约义务的结束，保险责任自然到期完结；而对于履约义务人未按约定还款的，自出现逾期起至启动理赔的阶段内，保险公司及资金方按照合同约定，采用依法合规方式提醒义务人按期履约的行为，即为逾期催收。对于经过催收义务人超过保单约定期限也无法履约的，触发理赔条件，保险公司应按约定支付赔偿，该阶段的过程管理统称理赔处理。理赔后，保险公司自然取得赔偿金额范围内的代位求偿权，因此有权对义务人进行追偿，追偿的方式有多种，需依法合规开展。在整个保后管理过程中，避免不了对义务人/担保人进行沟通、施压、催收与诉讼，矛盾冲突在所难免，如何管控分歧，对投诉进行处理，《融资性信保业务保后管理操作指引》（以下简称《保后指引》）同样作出了明确要求。

（一）保后监控的重点在于及时发现问题

监控不是目的，目的是尽早发现还款风险并予以处置，争取将问题在无形之中化解，促使义务人不发生违约逾期行为。保后监控要求保险公司建立一套科学的监控体系和监控方式，并针对不同程度的风险事件进行分类和处置。

按照《保后指引》要求，监控内容应至少包括义务人还款情况、偿还能力、信用及担保情况变化、诚信状况、抵押物状况、业务风险敞口、业务质量变化等。如要高效开展上述工作，需建立一套能够真实反映上述指标的量化体系，具体包括针对义务人的、与核保管理中信用评级口径一致的保后评级评分模型系统，以及放款金额、还款期数、还款金额、逾期金额、逾期天数、应还日期、剩余本金、M1 剩余本金、M2 剩余本金、M3 剩余本金、M0–1 转化率、M0–2 转化率、逾期率、年化损失率、保费收入、应收保费、综合赔付率、综合费用率等指标。

针对上述指标体系，保后监控制度应明确监控规则、监控内容、监控频次、监控指标及其流程。监控和数据获取手段包括电话拜访、现场尽调、大数据监测、模型监测。对于还款意愿不强的客户，其投保动机可能并不单纯，往往配合调查意愿较低，有时会采用多种方式掩盖问题、阻碍调查。随着大数据监测手段的不断成熟，义务人网上行为数据或资信状况更新数据的作用越发重要，及时、客观、可量化、容易入模和适用机器学习的量化分析，越发成为保后监控的主要手段。

针对发现的风险事件，科学的做法是根据实际经营情况和风险要素特征，明确设定存量客户的分类风险管理标准和阈值设定标准，按照客群资质、渠道、账龄等分别进行风险预警。

《保后指引》将风险信号分为红、橙、黄三个级别，并给予定性描述，各保险公司可结合自身情况进行量化指标的阈值设定。红色预警是指影响恶劣、预计损失严重的风险信号；橙色是指影响较大、预计出现损失的风险信号；黄色是指影响一般、可能会造成损失的风险信号。

这令人联想起银行贷款中的五级分类方法，对此我们进行了对照分析，结论如下：黄色预警信号类同于关注贷款，橙色预警信号类同于次级贷款（贷款损失的概率在50%以下），红色预警信号类同于可疑贷款和损失贷款（贷款损失的概率在50%以上）。

针对不同的风险预警信号，应采取不同程度的处置措施。对于黄色信号，要密切关注业务质量，采取措施防范风险恶化，或提高增信程度降低风险敞口；对于橙色风险信号，要降低授信额度，逐步压缩存量业务；对于红色预警信号，要暂停新增授信，采取主动措施尽早介入抵押物或资产处置，尽量减少损失。

针对三方合作公司的监控，应定期对合作销售机构的欺诈、违规、恶意抵制管理、虚假宣传等行为等进行风险监控。该部分内容可与《保前指引》中对中介公司的管理内容合并，形成贯穿融资全周期的管理流程。

（二）逾期催收的关键是守住合法合规底线

逾期催收的要义是：自行催收和委外催收相结合，集中催收和属地催收相结合。在现实操作中，四种催收方式各有利弊，应综合运用。

自行催收包括系统自行短信催收、自有客服电话催收、自有人员线下催收甚至诉讼等方式，而委外催收可以覆盖电话催收以后的所有环节。两者的优劣点在于：自行催收对信保机构的催收团队能力建设提出要求，同时宜对规模以上案件实施开展，因为单位投入产出较好，操作风险较小；委外催收可令保险公司快速具备催收和追偿能力，案件较多时成本较低，但由于毕竟不是自有团队，管理边界和难度大，管控力度不足时容易引发投诉或舆情事件，激励不足时容易导致"磨洋工"现象。

现实操作中常常采取"自催＋委外"相结合的方式：自催团队人员少而精，功能职责为"为委外公司提供效果对标"和"处理疑难案件"；积极引入能力优秀或具有特长的委外公司，提高催收方式和催收地域的覆盖面；建立"激励先进＋淘汰落后"的竞争机制，保证合作的催收公司时刻保持活力与战斗力。

《保后指引》明确了催收动作的合规红线，具体包括：通过暴力、胁迫、恐吓、侮辱、言语攻击、挑衅、刁难、责骂、诽谤、骚扰、虚假诱导、非法侵入、搜查居住地等方式催收，冒充公、检、法等国家机关工作人员进行催收，收取现金及财务或催收款项进入个人账户，违规泄露个人信息等。

随着我国信用体系建设不断完善，违约惩戒力度不断加强，以及个人维权意识的加强，催收行业出现了"法制化"的发展趋势，即综合运用诉前调解、保全、仲裁、公正、诉讼等方式合法合规解决"还款难"问题。这些问题单纯依靠委外公司或合作律所很难保证催收效果，考验着保险公司法诉团队的风险处置能力，以及与属地、义务人所在地法院系统的沟通落地能力。

（三）按部就班理赔处理

理赔处理是一个规范操作流程，可以分为四大环节八个步骤。具体来说，各环节要求如下。

报案与索赔环节：第一步，启动索赔受理；第二步，索赔申请预校验，申请材料与保单约定有异或理赔前还款的，撤回索赔申请。

立案与责任认定环节：第三步，责任认定，属于保险责任的向下推进，否则劝其放弃索赔或依规拒赔；第四步，系统内估损金额。

损失核定与理算环节：第五步，核定损失并理算赔偿金额，部分还款的，轧差赔付。

核赔与赔款支付环节：第六步，核赔无误支付赔款；第七步，与被保险人签署《代偿债务权益转让确认书》；第八步，资料存档。

（四）追偿的难点在于委外机构管理

追偿与逾期催收的方式相同，区别在于追偿是保险公司理赔后的自有行为。保险公司与被保险人签署《代偿债务权益转让确认书》后，自然取得索赔金额的代位求偿权，可依法催收并追回理赔款。

《保后指引》中重点对追偿过程中的委外机构及管理行为进行了规范。如针对准入条件，委外追偿机构需成立2年以上，并具有1年以上银行信贷业务逾期还款提醒经验；应具有一定规模的电催团队，并实现作业系统与保险公司的对接和个人信息的安全；不得有违法犯罪记录，不得被政府部门列入黑名单。保险公司需由总部统一制定合作协议模板，明确双方权责义务；应建立考核机制对其合规性、投诉情况、追偿效率、配合度等内容进行定期考核；双方合作终止后，合作机构应按合同约定清除系统中的所有生产数据，双方合同约定需合作机构保存的还款提醒录音、还款提醒记录、外访资料等，应按约定进行保管；保险公司要组织合作机构定期对其风控人员开展业务技能培训及合规培训；严格按照权责发生制进行财务处理，严禁虚增追偿款；应每季度对追偿回溯评估，确保报表的真实性和准确性。

（五）投诉处理要在保护消费者权益基础上解决冲突

保险公司要将消费者权益保护工作贯穿投诉处理全过程，应将投诉处理看作优化产品、改进服务、拉进客户关系、树立企业形象的抓手。信保机构应指定一名高级管理人员或机构负责人分管消费者投诉处理工作；投诉方式要明确，投诉通道要畅通；明确责任归属，防止推诿拖延，按时反馈，留好证据材料；投诉无法处理的，可向调解组织申请调解；建立投诉满意度回访机制，建立投诉处理档案，并注意保护个人信息安全。

最后，《保后指引》细化了《监管办法》中流动性压力测试要求：信保机构应测算保费收入在下降25%和50%、综合赔付率上升10个百分点和20个百分点等情况发生时对经营活动现金流的影响（流动性风险测试），以及年化损失率为10%、15%和20%等情况下的偿付能力变化情况（偿付能力风险和系统性风险测试）。

第三节　互联网保险监管要义

除了上述行业性监管政策以外，银保监会于2020年12月公布的《互联网保险业务监管办法》（银保监发〔2020〕13号）对融资性信保业务的影响同样十分明显。由于近年来信贷业务的线上化发展速度很快，尤其是小额分散的消费信贷品种基本上实现了全部的线上化。在此影响下，融资性信保业务也展现出明显高于传统险种的线上化水平，自然避免不了按照《互联网保险业务监管办法》的相关要求，依规开展销售、产品展示、营销宣传、三方公司管理、个人信息保护、网络安全管理以及合作机构管理等工作。

一、互联网保险的界定与适用范围

首先,我们需要界定一下哪些机构的哪些行为会受到《互联网保险业务监管办法》的制约。解答好这个问题的潜在价值在于:是否有规定以外的机构或个人的相关行为不受该办法约束,以及哪些行为不受约束。只有界定好边界,保险公司才能更清楚地展业。

该办法明确了互联网保险业务的定义,互联网保险业务是指"保险机构依托互联网订立保险合同、提供保险服务的保险经营活动"。定义里面包含两层涵义。一是明确了本办法的规制对象——保险机构,具体有保险公司、互联网保险公司、相互保险组织、保险经纪人、保险公估人和保险代理人。这里的保险代理人又具体包括保险专业代理机构、银行类保险兼业代理机构和依法获得保险代理业务许可的互联网企业,但不含个人保险代理人。二是明确了规制对象的动作范围(范围内的活动应受到规制),具体是指依托互联网订立保险合同、提供保险服务。

"提供保险服务"的范围有些模糊,具体包含哪些活动呢?《互联网保险业务监管办法》的第二十三条给出了部分答案:"非保险机构不得开展互联网保险业务,包括但不限于以下商业行为:提供保险产品咨询服务、比较保险产品、保费试算、报价比价、为投保人设计投保方案、代办投保手续、代收保费。"换言之,依托互联网开展的上述行为均属于互联网保险业务,保险机构的这些行为必须受到本办法的规制，其他机构则不允许从事上述活动。

上述行为均属于保险销售环节的行为，除此以外，"提供保险服务"还包括核保、承保、理赔、退保以及保后管理等保险公司的本职工作。

通过以上分析，我们可以进一步具象化《互联网保险业务监管办法》的规制范围，即保险公司、互联网保险公司、相互保险组织、保险经纪人、保险公估人、保险专业代理机构、银行类保险兼业代理机构和依法获得保险代理业务许可的互联网企业（不含个人保险代理人）依托互联网从事的保险销售、核保、承保、理赔、退保以及保后管理等行为。

这令人联想起《融资性信保业务保前管理操作指引》中对互联网融资性信保业务的定义：销售或核保、承保在线上完成的融资性信保业务。由此可见，二者对互联网业务内涵的界定基本一致。区别在于《互联网保险业务监管办法》的初衷是规避销售乱象、保护消费者权益，而《融资性信保业务保前管理操作指引》和《融资性信保业务保后管理操作指引》的重点是承保前后的管理行为规范和风险管控。二者监管的对象、范围和重点也有所不同。

二、基本要求与规则

《互联网保险业务监管办法》对保险机构开展互联网保险业务监

管的根本原则是必须通过自营网络平台展业。需要注意的是，这里的自营网络平台并不单指保险公司的网络平台，还应包括保险专业代理人、保险经纪人等保险机构的网络平台。原因在于保险公司自营网络平台的客户流量毕竟有限，可以通过多种保险代理机构代为展业，从而实现更为广泛的客户触达。当然，在通过有合规资质的代理机构代为展业时，可以使用保险公司的网络平台，也可使用代理机构的网络平台，前提是各网络平台的运营主体需满足必要的前提条件。

前提条件主要有四点：一是应由保险机构的总公司统一管理和运营；二是保险机构要具备有效的风控风险和售后服务能力；三是无论网络平台是网站、移动应用程序（App）还是其他互联网产品形态，都应依法向互联网行业管理部门履行互联网信息服务备案手续、取得备案编号或符合相关法律、法规的规定和相关行业主管部门的资质要求；四是支持互联网保险业务的信息管理系统和核心业务系统应具备完善的网络安全能力，并通过相对应的网络安全等级保护资格审查。

三、网络平台的形式要求和信息披露

关于自营网络平台的呈现形式，《互联网保险业务监管办法》要求：即使保险机构的互联网产品不是主要通过官方网站展业，也必须要建立官方网站。原因是按照《互联网保险业务监管办法》的规定，官方网站承担着公开保险主体经营信息、产品详情、机构合作情况、联系方式等信息的重要功能，因此是互联网保险业务的基础呈现形式和必备条件。

在移动互联网时代，互联网保险业务的主要展业和客户触达方式是App、H5链接、公众号、小程序等功能程序。需要强调的是，信息披露的内容不仅应包括互联网保险产品的基础要素信息，还应包括承保和落地服务的省级分支机构清单、投诉方式及流程、保单查询功能、信息和交易安全保障措施、中保协产品备案链接以及消费者购买操作情况等内容。这些内容与消费者权益保护工作相关，因此不仅要在官网上进行展示，还应在所有展业的网络平台上进行展示。

现实操作中有两个问题容易界定混淆，有必要讨论明晰一下。

第一个问题：出于营销便利考虑，保险机构的分支机构往往建立自己的微信公众号和小程序，用于配合线下营销人员展业或进行互联网保险销售。这些做法是否合规？应遵循《互联网保险业务监管办法》的何种管理要求？

首先，我们需要对分支机构的公众号和小程序进行定性。显然，它们不属于自营网络平台，原因是《互联网保险业务监管办法》第二条规定："保险机构分支机构以及与保险机构具有股权、人员等关联关系的非保险机构设立的网络平台，不属于自营网络平台"，而"自营网络平台是保险机构为经营互联网保险业务，依法设立的独立运营、享有完整数据权限的网络平台"。

分支机构的公众号和小程序并不具备独立运营权和完整的数据权

限，如要实现订立保险合同、提供保险服务等互联网保险核心功能，必须通过链接总公司的业务核心系统才能实现功能闭环。因此，将其定性为互联网保险产品的展示位和广告位更为合适。而分支机构自行、独立开发的网络平台，更不属于保险公司自营网络平台，不能作为互联网保险业务的展业工具，否则违规。

其次，公众号、小程序作为互联网保险产品的呈现方式，按要求应由总公司统筹管理与运营，如需省、市分公司管理运营的，应由总公司进行授权。如此设计的管理架构与定位，更符合《互联网保险业务监管办法》的要求。

第二个问题：保险中介机构或互联网平台通过网络平台销售保险产品的，属于保险公司的直销业务还是中介渠道业务？其网络平台需要按照《互联网保险业务监管办法》中自营网络平台进行规范管理吗？

回答问题前首先需要明确的是：保险中介机构或互联网平台进行保险销售和服务的形式及内容是什么？如果涉及保险销售、核保、承保、理赔、退保以及保后管理等核心行为，则属于互联网保险业务无疑。《互联网保险业务监管办法》第三条规定，"互联网保险业务应由依法设立的保险机构开展，其他机构和个人不得开展互联网保险业务"。因此，涉及依托互联网开展核心保险环节的行为，均属于互联网保险行为，其行为主体必须由持牌保险机构特许经营。保险机构具体包括：保险公司、互联网保险公司、相互保险组织、保险经纪人、保险公估人和保险代理人。

如何界定"是否触及保险核心操作环节"？需要结合具体操作进行判定。我们观察发现，现实中常见的操作是保险公司或保险中介在大型互联网平台上发布保险产品的宣传语和购买链接，或利用大型互联网平台的流量优势向意向客群精准推送广告页和链接。针对这些操作，需要判断点击链接后跳转的产品详情展示、比较保险产品、保费试算、报价比价等销售功能，以及后续的保险订立、支付、承保等环节，是在保险机构的自营平台上实现的，还是互联网平台自行开发设计的。如是前者，核心环节均为保险机构提供，互联网平台只是提供了一个广告位（如同分支机构在微信上开设的公众号、小程序一样），那么该操作是合规的，互联网平台也无须具备保险中介资质；如是后者，互联网平台则显然触碰了核心环节操作，必须具备保险中介资质，并且应与保险公司签订委托代理协议。

四、互联网保险"一网接全国"

在"放管服"的大背景下，对互联网保险业务的监管强调事中、事后监管。这意味着保险机构只要满足《互联网保险业务监管办法》规定的条件，即可开展互联网保险业务，不需要申请业务许可或进行业务备案。

《互联网保险业务监管办法》第五十二条规定，"经营财产保险业务的保险公司在具有相应内控管理能力且能满足客户落地服务需求的情况下，可将相关财产保险产品的经营区域拓展至未设立分公司的省（自治区、直辖市、计划单列市）"。理论上，保险公司总公司具有全国范围内经营保险业务的资质，这便是互联网保险业务"一网接全国"的显著优势。

对于保险中介机构来说，又可以分为两种情况。全国性保险中介机构，如果符合《互联网保险业务监管办法》要求，可以不设立分支机构开展互联网保险业务。当然，其所"经营险种不得突破承保公司的互联网保险产品范围和经营区域，业务范围不得超出合作或委托协议约定的范围"。而区域性保险中介机构则不能通过互联网保险业务进行跨区经营，只能在所属区域内通过互联网辅助销售并开展线下的售后服务。

五、线上线下融合服务

鉴于很多险种需要进行线下的、物理的支持，因此避免不了线上线下配合的保险服务过程。其中涉及多种情形，我们列举常见情况并进行分析。

对于从业人员借助移动展业工具进行面对面销售或从业人员收集投保信息后进行线上录入的情形，应按照《互联网保险业务监管办法》第五条规定处理，即线上部分应对照遵循本办法中的相应条款，线下操作部分应满足其所属渠道相关监管规定。

保险机构开展线上营销宣传但通过非互联网渠道订立保险合同的，其线上宣传部分应参照《互联网保险业务监管办法》第十五条和第三十五条中关于互联网宣传的相关规定，保险合同订立环节则不适用本办法。

保险机构经非互联网渠道订立保险合同，但通过互联网开展线上售后服务的，其线上售后部分应参照《互联网保险业务监管办法》第二十七条至第三十二条规定操作，保险合同订立环节则不适用本办法。

第五章

牌照价值与潜力

第一节　市场有需求

我国信用保证保险行业当前正处于"内忧外患"的历史未有之艰难时期。一方面，引发此轮行业回调的业务风险尚未出清完毕，预计还需 1—2 年时间化解存量风险，卸掉历史包袱；另一方面，在经济下行、终端利率持续压低的大背景下，融资性保证险业务进入"薄利竞争"的红海时代，行业竞争进入下半场。

与此同时，多数信保机构的展业方式尚以线下团队为主，管理模式较为落后，金融科技新技术应用不足，流量或风控等核心竞争力沉淀不够，存量业务增长乏力，新业务又未找到方向，行业普遍处于信心不足和发展迷茫阶段。

事物发展就如波浪一样跌宕起伏，但历史的车轮总是滚滚向前。信保业是单独下发过监管政策的中国金融的组成部分，有其独有之社会价值和商业价值。我们始终相信，目前的困难是暂时的，信保业终将回到"触底回升"的健康发展之路。信保行业的创新者,应学会在"在危机中育新机,于变局中开新局",深入研究国家金融政策走向和市场机会洼地,认清信保业务本源价值和独特优势,找准自身发展定位,在下半场竞争中提早打磨核心竞争力,重整旗鼓,重新出发。

一、消费金融市场依然存在大量机会

消费金融业务是依托国内个人消费市场的金融业务,一直以来没有统一、规范的统计口径,但从主要出资主体(包括银行信用卡贷款、银行消费贷款、消费金融公司、互联网小贷公司、信托公司)放贷总量看,截至 2020 年年末的我国消费金融贷款余额合计至少为 14 万亿元。

国内消费振兴是我国下一阶段经济发展的重心,对 GDP 增长具有巨大拉动潜力,加之消费内循环和消费升级产业政策导向的不断加持,为消费金融的长期稳定发展奠定了坚实基础。据预测,随着 2019 年全球公共卫生事件影响逐渐减弱,预计未来 3—5 年我国消费金融市场将保持 15% 以上的年均复合增长率。按此推算,我国消费金融市场每年将至少增加 2 万亿元新增贷款需求。

与此同时,我们注意到,经过多年发展,消费金融市场进入了新的发展阶段,呈现出诸多复杂特点:一是线上消费贷市场基本形成了互联网流量平台和银行双头主导的格局,无场景消费贷款日趋饱和,增速放缓；二是监管部门对居民杠杆率快速抬升和资金流向不明担忧加深，将进一步限制无场景类消费贷款的增速；三是伴随监管部门限制联合贷比例和地方性银行的消费贷款规模，"非正规金融牌照"加速退场，在削减了跨地域系统性风险的同时，也减少了信贷供给侧供给能力，消费信贷供需市场存在结构性空间；四是全面压降终端借款利率，不仅要求银行对普惠金融增量、降息，还要求大型互联网平台降低流量收费，设定民间借贷最高利率上限，更加重视消费者权益保护。

由于存量市场增长保有惯性，部分供给出清导致市场需求存在结构性机会，消费金融依然是信保及其他正规持牌金融机构优先选择的贷款品类。

融资性信用险和保证险始终是银行信贷的有益补充，二者组合可以覆盖更广泛的需求人群。众安金融科技研究院《融资性信用保证保险行业发展白皮书》显示，截至2019年12月底，央行征信中心收录自然人信息9.9亿人，但能够生成信贷报告的不足4.1亿人，除此以外，广大长尾客群的金融需求无法由银行等低风险容忍度的金融机构完全覆盖。在此过程中，保险机构以其自身独特风险管控方式（偿二代、穿透式管理等）构建了信贷供给的第二道"风控"防线，可以有效扩大覆盖面。

从产品类型看，无场景类消费信贷市场竞争相对充分，普惠式、场景类消费信贷产品将承载主要增量，是未来竞争的主要战场。而在与产业解耦、与场景服务结合方面，保险具有一定的竞争优势和产业深入度，为融资性信保业务切入场景消费提供难得机遇。信保机构应充分挖掘创新型非车险险种优势，在 To C（To Customer，面向消费者）的泛消费保险服务场景中寻找机会，借助既有服务"触角"触达客户，充分发挥"保贷联动"优势，建立独属自己的"小而美"产品的竞争优势。

二、产业数字化过程中诞生大量小微企业融资需求

小微企业信贷市场较之消费金融市场空间更大。世界银行 2018 年发布的《中小微企业融资缺口》报告显示，中国中小企业潜在融资需求达到 29 万亿元，其中 41% 存在信贷困难，迫切需要金融解决方案。但中小企业融资需求存在"短、小、频、急"的特点，加之经营风险大，银行传统尽调方式不经济，一直以来"融资难、融资贵"的问题无法得到解决。

随着产业互联网的不断兴起以及产业数字化水平的逐渐提高，很多金融科技机构和细分赛道核心企业对其上下游生产贸易链条进行了数字化改造，为产业链条融资提供了创新发展基础，让我们看到了解决中小企业融资难题的希望。

2020 年 4 月银保监会发布的《关于 2020 年推动小微企业金融服务"增量扩面、提质降本"有关工作的通知》（银保监办发〔2020〕29 号）提到，金融科技可在三个方面解决小微企业融资难题，加强对小微企业滴灌式融资供给。一是金融科技可以提高小微金融风控能力。借助人工

智能和大数据建模技术、光学字符识别技术（ocr）和图计算、自然语言处理技术，在个人信用基础上叠加企业信用画像，这是一个兼顾风控成本与安全性的、行之有效的解决方案，可将小微企业主授信通过率提升20%。二是降低服务成本、提升小微企业融资效率。非接触式服务中的人脸识别、电子签章、电子合同、远程面签、远程开户等手段提高了服务效率并提升了客户体验，数字化风险评估流程减少了人工介入，可大幅压缩信贷审批时间，降低了信贷成本。三是应用金融科技，缩小人为干预、人为操作的空间，有效防范道德风险，提高风险判断的客观性。

结合线上消费金融蓬勃发展的成功经验，我们认为解决中小企业融资问题需要具备以下四个前提条件：一是行业或企业经营基本完成了数字化改造，最好全部实现了"四流"［物流、商流（合同＋发票）、信息流（主体＋流程信息）、资金流（资金往来）］的线上统一；二是对公账户线上开户便利化；三是灵活的账户管理体系和支付体系支持；四是线上风控逻辑由"判断主体信用"改为"行业/企业大数据建模分析与闭环场景风控相结合模式"。

符合以上全部条件过于苛刻，但并不妨碍"四流"中部分数字化后的针对性融资方案的实现。这些尝试提供了一个区别于传统银行主体授信模式的另外的模式——以产业/企业数字化和量化风控为基础的线上批发贷款模式。对于信保机构以及普惠金融新玩家，从数字化程度高的行业产业入手开展线上批发贷款，将是切入中小企业普惠贷款的最好方式。

三、政策驱动下的三农金融将提速发展

2020年年末，我国本外币涉农贷款余额38.95万亿元，自2007年以来年均增长率高达16%，处于高速发展阶段；农村（县及以下）贷款余额32.27万亿元，同比增长11.9%，增速比2019年提高了3.6个百分点；农户贷款余额11.81万亿元，同比增长14.2%，增速比2019年提高2.1个百分点；农业贷款余额4.27万亿元，同比增长7.5%，增速比2019年提高6.8个百分点。

与此同时，涉农贷款融资缺口还远未得到填补。据清华大学经管学院研究测算，截至2019年年末，不同类型农区均存在20%以上的融资缺口，其中贫困农区的融资缺口甚至高达37.6%（见表5-1）。据此保守估计，三农领域至少存在15万亿元融资缺口。

表5-1 不同类型农区融资情况

农区	贫困农区	传统农区	发达农区	现代农区
资金缺口（亿元）	19 555	23 447	19 739	52 606
曾借贷比例（%）	44.70	48.60	59.50	33.20
想借贷比例（%）	82.30	77.50	79.50	53.40
比例缺口（%）	37.60	28.90	20.00	20.20

另外，随着农村经济多样性发展，农民生产经营活动也越发多样化，既有传统种养殖、畜牧业等农业生产活动，又有从事农产品深加工和农副产品商贸等加工贸易活动，甚至出现了很多新设备租赁等现代服务业务模式。以上经济活动形式新颖，对涉农金融需求刚性且多样，这与以农村信用合作社和村镇银行为主的传统信贷供给方式之间矛盾明显。

具体来说,三农金融的发力点有哪些呢?

一是国家"十四五"发展规划中提到,要释放农村土地要素活力,帮助近八亿农民实现增收。一方面,全面推动 4200 万亩农村集体经营性建设用地入市;另一方面,深化农村宅基地制度改革,或将盘活农村 1.14 亿亩闲置宅基地。在土地流转、农民增收、集体土地入市过程中,将产生大量金融服务机会。

二是《中国制造 2025》明确提出我国十大产业振兴计划,其中新能源汽车和农机装备两大行业均与广大农村地区和农户密不可分,其中农机装备制造业强调重点发展粮、棉、油、糖等大宗粮食和战略性经济作物育、耕、种、管、收、运、贮等主要生产过程使用的先进农机装备,加快发展大型拖拉机及其复式作业机具、大型高效联合收割机等高端农业装备及关键核心零部件。围绕农机装备的供应和生产,尤其是贷款销售、租赁运营等环节伴随着大量金融信贷机会。

三是 2021 年中央一号文件《关于全面推进乡村振兴加快农业农村现代化的意见》明确了促进生猪产业平稳发展、农民收入增长快于城镇居民等全年工作目标,提到要通过强化现代农业科技和物质装备支撑、构建现代乡村产业体系、推进农业绿色发展、推进农业专业化社会化服务组织和供销合作社综合改革等七个方面工作加快推进农业现代化,同时强调全面促进农村消费。融资性信保机构可以围绕生猪及其他养殖产业、新型乡村产业体系、供销社改革以及农村消费等领域寻找商业机会和信贷场景。

农村消费的发展潜力同样巨大,主要场景有三类。

一是国内旅游。从 2005 年到 2011 年的 6 年间,农村居民人均国内旅游花费从 227 元增长至 471 元,实现翻倍;2016 年再次翻倍,达到 880 元。而同期城镇居民人均国内旅游花费增长不足 40%,对比之下可以看出农村旅游板块的爆发力和增长潜力。

二是家用电器。国家出台的农村家电补贴政策降低了农村居民购置耐用品的成本和负担,在一定程度上刺激了农村居民对家电的购买热情。

三是汽车和新能源汽车。2020 年,全国居民每百户家用汽车拥有量为 37.1 辆,同比增长 5%;农村居民每百户家用汽车拥有量为 26.4 辆,但同比却增长了 7.8%。广大农村市场为我国汽车业提供了巨大发展空间。

第二节 牌照有价值

驾车时既要抬头看路,也要低头看辙。只有深刻认知了信保业务的根本特点与优势,才能在正确的方向上找准自身定位,以合理的"姿势"有效切入市场。

一、保险牌照的价值

信保业务的本质是为信用的履行提供保险和保证,作为保险险种,其核心价值有三。一是风险分散承担,即具有同类风险的组织和个人通过每人承担一小部分的费用,实现风险损失在整体范围的分散与熨平。二是风险转移和损失补偿。对被保险人来说,自保单生成的那一刻起,即实现了约定风险的对外转移,未来或有风险引发的相应损失均由保险公司承担,从微观角度看有效保证了被保险人生产或生活的正常持续,从宏观角度看保证了社会生产生活稳定。三是风险规避与管理。具体是指保险公司在保单生成后通过专业经验与主动管理风险,可以提高保险义务人的行为安全性,减少风险发生概率,降低风险损失程度。

保险业务作为专业经营风险的金融牌照,具备成熟的风险分散机制:对于承保风险,保险公司还可以通过共保、互保和再保险等机制安排,进一步分散风险,确保自身经营处于合理风险水平。作为财产保险的重要组成部分,信用保证保险自然承接了保险特有的风险分散机制,这是信保业务区别于信贷、担保增信等其他金融牌照的典型特点。

另外,前文解读过《互联网保险业务监管办法》的核心要义,虽然监管对互联网保险业务提出若干严格要求,但也变相赋予保险公司"一点接全国"的产品优势。打个不恰当的比方,其效果就像赋予所有类型银行均可开展全国性互联网信贷业务,准许所有担保公司均可操作全国性线上担保业务一样。从这一点看,我国金融监管层对保险行业给予了特殊照顾,信保业务可以借助互联网产品优势快速覆盖全国,这与只能局限一地的经营方式相比,业务空间得到了巨大提升。

二、增信的作用

纵观近年来银行业的发展历程,其实是账户开立、资金汇划、信贷发放、担保增信、保理和信用证等银行核心功能领域逐渐开放,专营金融机构不断创新形成单独市场领域的历程,同时也是银行或被动、或主动将相关功能进行模块化输出的过程。具体来讲,支付相关牌照支撑的三方支付市场本质上是替代了银行的资金汇划功能和部分账户开立功能;消费金融公司、小贷公司等牌照则具有了部分的银行放贷职能,从而对银行个人信贷业务形成了"鲶鱼效应";保理公司的广泛设立替代了部分的银行国内贸易融资和保理业务;担保公司的出现则形成了对银行担保保函和国内信用证业务的有益补充。正是由于这些专营机构竞争机制的引入,推动了银行细分市场的发展变革,进而带动银行业甚至金融业的整体发展。

在此过程中,信用保证保险的经营范围更广,对银行的替代和补充效应更为明显。贸易项下信用保险可以发挥银行信用证和保理业务的同等作用,与放贷功能相结合则会对银行贸易融资业务形成竞争;

以工程类保证保险为典型代表的合同履约保证保险已经在实操中对银行保函、担保公司保函业务形成竞争优势，甚至覆盖的商业信用范围更广；融资性信保业务则变相地发挥了保证担保作用，对担保公司构成了竞争，与银行相关信贷业务形成有效互补。

信用保证保险的本质是确保信用的履约，利用的手段是风险的尽调判断、合理的反担保措施、成熟的风险分散机制和主动风险减量管理等，形式上是保险公司利用自身资金和偿付能力对信用风险进行了承保保证和部分的风险兜底。一旦承保，发挥的是保险公司的主体信用，占用的也是保险公司在银行等机构中的主体授信。从这一角度讲，信用保证保险是具有广泛意义的"增信"牌照，这种增信价值可以单独对外输出收取费用，也可以与信贷放款组合在一起形成安全保障更强或容忍度更高的信贷安排。

三、保贷联动的信任纽带

国务院前副总理刘鹤在《两次全球大危机的比较研究》一书中曾指出："信用是将未来消费提前到即期，从而扩大消费需求的有效手段，也是市场经济条件下保持一定消费规模，实现与生产规模平衡的方式……如果运用得当，可起到加速发展的作用。"

但与此同时，我国的保险业渗透率远低于西方水平，银保合作也仅是保险销售的方式之一。如果能提供信用的购买方式，进一步降低大众保险消费门槛，则有利于保险行业的健康发展，也有利于我国金融普惠、保险普惠水平的进一步提升。同时，相较于保险销售场景，信贷的需求刚性更强，与客户交互频次更高，可带来更高的客户使用黏性。

为了享受保险权益，在排除骗保情况下，投保人/借款人在投保时更倾向于如实反映自身情况，以享受足额的信贷和保险权益。据此，保险可为信贷提供较为客观的客户信息，尤其是资产情况等软信息，避免了借款人道德风险；保险对义务人的风险保障也会覆盖相应的借款风险，提供必要的风险缓释作用。

以农业种养殖领域的保贷联动为例，种养殖客户在投保时，出于利益最大化考虑往往不会主动多报种植面积或养殖数量；而在申请贷款时，为获取更多贷款，种养殖户倾向于夸张报告面积或数量，以展示其资产实力和经营规模。如果保险和贷款能够联动，两种作用冲突下则会引导种养殖户如实反映客观情况进行投保和贷款，保险基数增加了可以显著提高保险规模和保费收入，以此为依据的经营贷款则可以避免虚报信息产生的过度授信问题，同时种养殖户的主要经营风险也可被保险覆盖，整体上实现"一举多得"的效果。

以上便是"保贷联动"的价值内核，"政银保"业务就是以此为基础原理设计而成，得到了我国监管部门的高度重视和大力推广。我国首个"政银保"合作模式始于2009年7月17日，由广东三水区推出，用于解决农户和农业企业贷款难的问题。"政银保"模式验证成功后被推广至小微企业信贷领域。

2015年1月8日,《中国保监会、工业和信息化部、商务部、人民银行、银监会关于大力发展信用保证保险,服务和支持小微企业的指导意见》明确提出,促进小微企业发展,解决其融资难问题,一定要在模式上创新,并支持各个地方因地制宜,积极探索以信用保证保险等保险产品为主要载体,由政府、银行、保险三方共同建立、分担风险的新型模式,大力支持小微企业融资需求旺盛的地区先行开展试点活动,并通过试点逐步推广、总结经验使得该模式不断得到完善。

然而我们发现,当前的"保贷联动"尝试尚以政策性产品为主,商业化、市场化的成功案例较少,距离大规模应用还有不少问题,主要表现在三个方面。

首先,保贷联动中的一个重要打法是在保险客户中挖掘信贷需求,这要依托某一保险场景才能发挥保险的真实性核验和风险分散作用,对应险种规模要足够大,并且要与信贷业务有联动契合点。但符合以上条件的险种并不多,限制在了车险、农险、责任险、寿险、健康险等少数几个规模以上险种范围内。

其次,"保贷联动"涉及保险公司和银行之间的跨领域联动,双方均要对此有深入认知,均需具备较强的合作意愿。而我国鲜有保险业和银行业混业经营的金融集团,银行业和保险业长期分业经营,底层业务逻辑又存在巨大差异,双方中层以下人员交流、互动并不频繁,从而导致彼此业务不熟悉,沟通与理念偏差大,合作难度很大。

最后，为与保险场景适配，银行要单独开发信贷产品，甚至要充分利用互联网方式对信贷逻辑和流程进行较大创新和改造，对银行专业能力和经营实力要求较高，极大限制了银保合作面。

在上述过程中，信保机构具有成为"信任桥梁"的先发优势。融资性信保业务本质与信贷类似，信保机构的从业者是保险公司中最懂信贷的人群，同时又熟悉保险机构、场景和风险特点，是双方均信任的人，可以发挥必要的连接器作用。

同时，信用保证保险本身具备风险分散和保险增信职能，可协助银行承担部分风险，在保险场景相对闭环基础上，进一步减少银行风险暴露，大幅提高与银行合作的可行性及合作面。

四、信用出表的天然优势

这一点在企业端表现得更为明显。银行依据信保保单为企业提供的贷款，占用的是保险公司在银行的同业授信，并不占用企业的对公授信，因此信保业务可以实现替换银行借款、变相增加企业授信的功能。

例如，在贸易活动中，上游卖方企业对下游买方企业供货并形成应收账款。应收账款一般设有周期，卖方若想提前收回资金，只能向银行申请应收账款质押贷款。而申请贷款的前提条件是必须在银行拥有授信额度，贷款发放后授信额度要相应核减。对于广大中小企业，银行授信额度往往十分紧张。当银行授信用完时，企业就无法继续贷款。

信用险则能较好地解决授信额度不足的问题：卖方企业通过购买国内贸易信用险，可以获得保险公司关于应收账款到期履约的保险承诺，若不履约则保险公司代为偿还。有了这份承诺，卖方企业更容易获得银行贷款，更重要的是，该项贷款并不占用卖方企业在银行的授信额度。对于卖方企业来说，由于购买了国内贸易信用险，可以在授信额度外另行融资解决回款问题，腾挪出的银行授信可以用于其他生产经营，变相提高了企业融资能力。

再例如，在核心企业对下游产生的应收账款保理场景下，银行可在国内信用险承保基础上提供应收账款买断服务，可实现核心企业应收账款出表，对大型企业尤其是上市公司优化报表作用明显。

除此以外，非融资性信用险对于中小企业同样友好。例如工程项下投标保证保险与银行投标保证保函相比优势明显：工程履约保函不用缴纳高额保证金，准入门槛和收费更低，且同样无须占用企业的银行授信，能够为更多中小企业提供额外增信服务，大幅降低业务成本。

五、信用保证保险是我国普惠金融的重要组成部分

现实中对事物起决定作用的往往是最现实的因素、最朴素的常

识。在实操中，由于银行的风险偏好普遍保守，其对信贷风险的容忍度很低，对相关责任人的事后责任追究十分严格，这一定程度上限制了银行信贷的覆盖广度和普惠性。

信保业务的大规模发展有助于进一步缓解普惠金融发展难题。常言道，不发生理赔的保险不是好保险。保险天然具有风险补偿功能，对风险的容忍度高，只要综合赔付率不超过100%，该险种就可以正常持续经营，现实中我们也发现，很多财险险种的综合赔付率高达90%以上。

这令人联想起了一则旧闻。淮海战役时，中国共产党发动了543万名民工支援前线，成为胜利的关键因素。我党为何能够获得如此多民众的支持？有人说是依靠先进的马列主义思想，有人说是因为我党强大的宣传与动员能力，还有人说是中国人民解放军良好的军纪取得了民众信任。其实最直接的原因非常朴实——中国共产党在山东地区成功实施了土地改革，令广大农民获得了实实在在的利益。

相同的道理在解决小微企业"融资难、融资贵"问题中也同样适用，银行信贷很难解决这一问题的核心原因之一是：信贷机构的收益和风险容忍与小微企业高风险的经营特点不相匹配。银行信贷之外需要风险容忍更高的金融制度安排作补充，需要更灵活的风险分散和出表机制相配合，如此才能顺滑信贷经营，才能覆盖更多更广泛的人群以提高金融普惠性。从这一点看，信保牌照具有先天优势，从其历史发展贡献看也确实发挥了银行信贷的有益补充作用。

2019年3月，银保监会颁布《关于2019年进一步提升小微企业金融服务质效的通知》，提出进一步调整普惠型小微金融监管"两增两控"指标，对头部银行中小企业贷款余额的增速和融资成本降速提出进一步要求。与此同时，根据《商业银行风险监管核心指标》，商业银行的不良资产率不可高于4%。两方挤压之下，银行普惠金融业务经营压力加大、发展任务变重，一定程度上造成了普惠金融两极分化的问题。

融资性保证保险"增信与风险分散"的金融属性不仅可以平滑融资两极分化，更以其独有的风险管理方式分散了一定程度的信贷风险，同时利用市场化手段，在商业可持续前提下放大了融资杠杆和资金放贷倍数。特别在银行与保险联动作业方面，两个主体之间强强联合、联合风控，不仅能够提升借贷市场整体供给效率，同时也推动构建多层次、多维度的风险互抵的稳定金融体系，有助于在风险可控前提下合力推动普惠金融的进一步发展。①

在实际效果方面，银行信贷和信用保证保险的互补作用，尤其是在减少贫困、降低风险、推动普惠金融发展方面的溢出效果已被普遍验证。在三农金融领域，2016年中央一号文件提出，要逐步探索并建立农业保险和涉农信贷的双方联动机制，两者能否相互促进、协同发展对于我国农村金融和经济发展具有举足轻重的作用。换言之，保贷协同是否顺畅是关乎三农金融和农村经济顺利发展的重要因素和必要先决条件。

---

① 众安金融科技研究院. 融资性信用保证保险行业发展白皮书［R］. 上海：众安金融科技研究院，2019.

第三节 信用保证保险的历史机遇

作者曾在其文章《信用保证险的下个风口——信保系列谈之九》中提到,消费金融信贷市场供给侧改革蕴含大量结构性调整机会,而信保业务的牌照价值远未挖掘,发展潜力巨大。

当前信保业务的很多操作尚处于初步阶段,典型特点是:展业靠渠道,风控较多依靠简单反担保,业务流程靠人工,与场景线对接在线下,保后几乎无管理,催收效果差。"批量展业+粗放管理"的发展模式遭遇挑战,导致行业发展进入盘整回调期。

保险企业反思发展问题,市场呼吁模式升级,行业急需进入2.0阶段。信保业务2.0的全貌如何?在此先卖个关子,后续分几节展开讨论。

一、互联网金融的发展历程

从2012年起,以线上信贷为主要形态的国内互联网金融快速发展,对银行个贷和消费金融业务产生了颠覆性影响。线上信贷技术如何改变了传统个人消费金融方式,从而造就了行业的蓬勃发展?这要通过回顾互联网信贷的发展史来一探究竟。

我们认为至少有四条行业技术发展轴推动了互联网信贷的成熟与

发展，相关技术储备最早可以追溯至 2000 年。我们将四条发展轴的大事件及相互作用进行了梳理，绘制成了中国互联网信贷发展路线图（如图 5-1）。

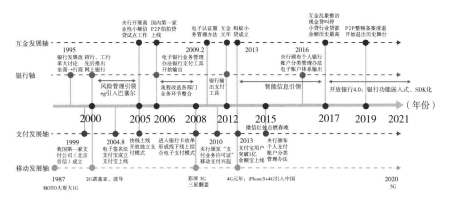

图 5-1 中国互联网信贷发展路线图

首先，最底层因素是移动互联技术的成熟和智能手机的普及，这使得广大用户越发依赖手机带来的充分信息共享。尤其是 2013 年 iPhone 手机的引入，极大改善了手机操作界面并提升了客户体验，用户逐渐习惯通过手机获取信息并解决现实生活中的各种问题，线上的"生意"逐渐替代了线下生意，这种效应在 To C 类型的信息服务业务中尤为明显。因此，互联网消费贷款作为其中的典型代表，具备了线上服务的广大客群基础。

其次，是三方支付行业的破局与发展。1999 年，我国第一家支付公司成立。2005 年，快钱上线开启独立支付服务模式。行业经过三年摸索终于在 2008 年进入银行卡收单市场，打磨出了线上线下综合电子支付模式，找准了行业发展赛道。2010 年，中国人民银行出台《非金融机构支付服务管理办法》,规定了支付业务模式,颁发支付业务许可证并进行分级分类管理,为行业规范发展奠定了制度基础,并点燃了牌照价值和发展引擎。到2013年,支付宝用户突破1亿。2015年微信红包通过春节联欢晚会红遍大江南北,三方支付市场(主要指C端)双寡头竞争格局基本形成。

我国的支付创新便捷地支持了社会资金融通,极大刺激并反向推动了银行支付汇款业务职能的转变与发展,不仅拼凑起线上信贷流程"拼图游戏"中线上支付这一重要环节,而且为电子商务和互联网生意的快速发展奠定了重要基础,共同推动了中国"新四大发明"之一移动支付的诞生。

银行功能的模块化输出为其他市场主体参与信贷流程创造便利。2005年以前,我国所有的信贷业务流程全部是由银行独立、闭环完成的,而2005年发生的两个独立事件标志着银行功能的分化:一是快钱推出独立支付服务模式,将资金汇划功能"剥离出"银行体系,银行支付功能分化催生了独立的第三方支付市场;二是中国人民银行决定在四川、贵州、山西、陕西四省组织开展商业性小额信贷试点工作,这标志着银行以外的民营组织都有可能从事放贷工作,将贷款发放功能"拉出"银行体系之外,银行放贷功能分化催生了大规模的非银行信贷市场。

2006年,我国第一家P2P平台拍拍贷上线,任意一家企业均可以无门槛吸收公众存款,从而具备了银行吸储功能,银行吸储功能分化。当然，随着 2019 年 P2P 退出历史舞台，吸储功能又重新回到银行专营。

另一个重要年份是 2016 年，中国人民银行颁布《关于落实个人银行账户分类管理制度的通知》，将个人银行账户分为Ⅰ、Ⅱ、Ⅲ三类，极大提升了个人线上账户开立的便捷性，标志着线上信贷业务的最后一项制度约束被打开。自此，银行与支付公司设计并备案了多种线上账户体系架构和资金汇总、清分、对账管理服务方式，广泛输出至商贸场景之中，提高了商业交易资金支付与清算环节的自动化水平，并为资金的闭环运行创造了条件。

回顾银行业 20 余年的互联网创新业务发展历程，从 1999 年招商银行、工商银行先后推出网上银行服务至今，银行业经历了从主动求变到市场倒逼变革的发展过程。尤其是近 10 年，伴随互联网公司、支付公司、P2P 公司、小贷公司、消金公司等多类支付与信贷新势力的加入，银行与客户的关系逐渐由直接服务转变为间接服务，银行的账户开立、资金汇划、放贷、增信等核心功能在这些机构的激烈创新竞争下遭遇巨大挑战，同时也极大推动了中国金融业的发展。

从发展趋势看，银行功能的分化与模块化输出不可避免，银行业将进入开放银行 4.0 阶段。开放银行 4.0 其实是银行业的一种经营方式，即通过应用程序接口（API、SDK、H5 等）向第三方机构提供支付与清算、信贷、存款、理财、账户、风控、增信等功能服务，共享客户银行账户和交易数据，与第三方机构合作共赢，实现金融服务的全覆盖。

在开放银行4.0发展过程中，还有三个因素发挥了至关重要的作用，它们对线上信贷发展同样重要，却被忽视。一是2004年8月颁布的《电子签名法》，为线上交易和电子签约扫清了法律障碍。二是2009年2月颁布的《电子认证服务管理办法》开辟并规范了CA认证行业，同时为线上签约提供了客观公正的认证服务，确保了线上签约的可信任性、可溯性和唯一性，为线上交易和电子签约提供了技术保障。三是刨除P2P的负面作用与影响，其为人脸识别、线上身份鉴权、CA认证签约、线上量化风控等一众新技术手段的应用提供了丰沃土壤和广泛实验，同时极大推动了三方大数据市场的发展，这些技术手段缺一不可，共同构成了线上信贷发展"能力拼图"。

综上分析，线上信贷技术发展过程中三个问题的解决最为关键。

一是银行支付能力的对外输出和三方支付行业的创新发展极大便利了线上收付款。

二是中国人民银行对个人银行账户的放开与分级管理使线上开户成为现实，客户不用赶赴银行网点"亲见亲签"线下开户，线上信贷便捷性和客户体验大幅提升，交易和资金管理实现线上闭环和自动化。

三是个人信息市场的自由发展以及早期以美国第一资本金融公司（Capital One）为代表的大数据量化风控技术的引入，改变了人工线下尽调、逐级审批的风控方式，其高效处理方式解决了信贷审批效率的瓶颈问题，审批效果也得到了P2P行业的多年实践验证。

自此，个人线上消费贷款业务实现了线上闭环，市场规模快速突破万亿。由于所有环节均可以在线上完成，银行机构线下的、人工审核的个人消费贷业务模式遭遇较大挑战。为适应新变化，银行、消费金融公司、信托公司纷纷成立直销银行、线上消金直营团队，通过盘活自有客户流量或与互联网公司合作的方式开展线上信贷业务。经过十余年实践验证，个人线上信贷技术日臻成熟，线上信贷全流程、完全线上化操作已成为市场主流，为信保机构的个人线上消费信贷产品设计提供了参照。

二、对信保业的启示

（一）结合自身优势，选准业务方向

广泛形成的一个行业共识就是：信保机构应充分挖掘保险主业以及股东的传统优势和存量客户资源。前文也曾提到，无论是初具规模的融资性保证险，还是初露锋芒的非融资性信保业务，信保机构在相关领域并不具备先发优势。作为一个市场后进入者，采用与传统优势机构一样的打法、一样的产品操作方式，将不会赢取竞争主动。信保机构应优先从自有要素禀赋和先天优势的领域入手，抓住优势客群，切入优势场景，打造业务基本盘，发挥好基础优势业务的"压舱石"作用。

一个好的方法是充分发挥保贷联动的作用，这是信保机构的独特优势。例如，可以围绕传统险种对风险的保障作用，锁定一定程度的场景内资金闭环。优先从传统险种的优质客户入手，挖掘传统险种展业难点和客户需求点，设计贴合式产品和定制化流程，发挥融资性信保在信贷和保险之间的连接作用，用信贷的刚性需求撬动保险销售，以保险的风险保障功能覆盖部分信贷风险，在此基础上进一步发挥信保的增信和风险分担作用，扩大保险和银行等资方的合作意愿，提高合作成功率。在险种设计方面，商用车险分期产品和养殖类农险业务的保贷联动产品已有不少成功案例。

然而在很多保险公司内部，信保机构和其他保险部门之间联动较少，客户并未共享，数据也未打通，更别提业务之间的合作与联动。这需要撬动总公司高层资源以形成对交叉联动业务的认可与支持，令其意识到保贷联动的天然优势与风险较低的业务特点，进而统筹部署，自上而下行动。

在实际操作中，鉴于传统险种垂直团队始终重视本职业务而不愿分心，可能存在在交叉营销时打折扣的问题，这时便可发挥信保机构事业部制运行方式的优势。信保机构可以委派驻点人员配合营销，其他业务部门人员只需提供营销线索和客户触达方式，剩下的跟进工作和信保业务流程交由委派驻点人员实施。该做法的效果已在多家保险公司的实践中得到了验证，成为信保业务发展起步阶段的营销利器。

（二）挖掘牌照优势，练就专业能力

在回顾互联网信贷发展历程时，我们发现，在放开银行单独功能的三方市场时，银行一开始处于被动局面。而开放银行 4.0 的实施则成为银行扭转颓势的关键。开放银行 4.0 战略的精髓是：银行针对此前分化之功能，单独提炼自身能力模块，形成单独作战团队，采用更灵活、更为便捷的 SDK、H5 等方式广泛对接供需双方；发挥银行在账户体系、支付、资金成本等方面的先天优势，与创新业务有效联动和能力捆绑。如此改革之下，银行在这一功能模块细分市场下便形成对其他单一功能三方机构的碾压效果。

这对当下之信保业务尤其是处于困境之中的融资性保证险业务具有重大参考意义。在信保牌照价值分析中，我们提炼出信保牌照的独特价值：保险的风险保障功能，成熟的风险分散机制，更高的风险容忍度，独特的增信和信用及资产出表方式，灵活的经营方式以及更低的客户准入门槛和操作成本，对产业和场景更深的参与程度。信保机构应优先围绕上述牌照优势，在优质客户的提额增信和次级客户的扩面覆盖上开拓市场；在不涉及融资的"薄利"商业信用场景中寻找机会；在信用及资产出表方向上创新产品，打造高度专业化服务能力，在细分市场中深度捆绑客户，利用灵活机制、低成本、低姿态特点形成对同业的竞争优势。

当前的信保产品优势还远未挖掘出来，除融资性业务以外还有广阔市场的金融需求尚未满足。我们相信在"发现美的眼睛"和"务实实干的态度"加持下，信保业务大有可为！

（三）拥抱创新技术，充当改革先锋

作为专业解决信用风险的金融安排，信保业务较之功能复杂、目标多样的银行业务来说，其功能定位和价值体现更为单一和聚焦。因此，在信用风险化解领域，信保机构理应更先进、更专业。这一点在欧美等信保业务发达国家表现明显。但由于各种原因，我国的信保机构并未取得业务的先发优势，也并未发挥出信用风险管理的优势及特长。

随着互联网信贷的快速发展，大数据、线上信贷技术、量化风控手段等创新技术得到长足发展，这俨然成为信用风险管理的主流做法，其有效性和高效性得到普遍验证。我国的信保业应迅速补课，尽快实现这些技术在业务领域的广泛覆盖。除此以外，应前瞻性探索研究以区块链、AI（人工智能）、隐私计算等为代表的前沿技术，提早研究这些技术与业务的结合点和创新点，尽可能挖掘其对操作流程、风控效果、营销展业的革新作用，提前落地布局，确保不错过下一轮技术变革的早班车。

信保机构还要积极融入产业数字化和数字产业化，利用数智手段提高行业整体风控水平与管理效率。这将是信保业持续经营和健康发展的必然选择，也可为践行数字经济国家战略提供独特价值和良好示范。

三、让信保业务回归服务商业信用的本质

我们知道,信用险和保证险是商业信用的产物,最初就是为消除商业贸易过程中的信息不对称、解决风险缓释问题而诞生的。而借贷信用仅是商业信用的一个组成部分,如果仅将目光集中于信贷领域,则会落入"视野不宽—发展局限"的囚徒困境。因此,回归商业信用服务既是信保业务的出发点,也是终极目标和最终的战场。

(一)"一带一路"伙伴国家和自由贸易试验区的快速扩容为国际贸易项下信用险提供重大发展机遇

当前国际贸易信息不对称情况严重,出口企业存在大量应收账款安全性顾虑,进口企业则对商品质量、持续供货能力和进口融资需求旺盛。信保业务中的出口贸易信用险、产品质量保证保险及相关咨询与融资保证业务成为满足相关需求的首要选择。

然而从供给侧来看,我国出口贸易信用险尚以政策性机构为主,市场化机构参与程度不高,且信用险与信贷融资间存在对接不畅的问题,需要国内信保业认真分析风险"断层",用保险原理弥补风险敞口,推动出口信用险与信贷融资双循环。此外,还要努力发展海关保证保险,鼓励国内跨国企业发挥核心作用,积极参与到进出口保险市场和行业咨询业务中来。

国内贸易存在同样的问题，只是需求重点转变为贸易项下的融资问题。虽然国内有大量机构从事该业务，但银行的准入门槛和成本较高，保理行业小而分散，国内贸易信用险具有突出价值却尚未发挥出来。信保机构应抓住国内经济复苏机遇，努力提高不同行业认知和风险管理水平，利用风险分散和容忍度高的优势特点，在国内贸易链条中占有一席之地并发挥好补充作用。

（二）房地产和建筑业的企稳回升为工程项下保证保险创造机会

在国外，保险公司一直是工程建筑领域的重要参与者，工程保证系列保险因担保范围广、成本低、效率高，为工程项目实施提供了重要且全面的履约保障。

在我国，工程保证保险刚刚起步，但发展势头强劲。投标保证保险、履约保证保险、农民工工资支付保证保险和维修保证保险展现出对银行保函和担保公司保函的较强替代性，在工程质量保证领域，更能够填补市场空白。

信保业应以投标保证保险和农民工工资支付保证保险为突破口，努力提升工程项目施工与过程监督专业性，不断渗透工程合同履约、工程质量保证等专业领域，以灵活的风险缓释机制、主动专业的监督行为保障房地产业和建筑业的企稳回升。

（三）国内消费市场复苏，履约保证类保险是推动力

国内消费的恢复，一方面与大众经济预期和收入预判的修复相关，另一方面也因消费者对产品质量与售后服务有顾虑和担忧而受到阻碍。在此过程中，信保产品可以发挥独特的品牌增信和质量履约保证作用。比如，单一用途预付卡保证保险可以打消消费者储值顾虑，促进消费额扩大；质量保证保险可以对商品质量进行增信加持，为企业产品不达标的违约行为对消费者进行赔偿；维修保证保险则可以显著提升售后服务选择项，降低消费者维权成本，提升品牌好感度和使用满意度。

（四）主动风险减量管理，降低各行业运行代价

风险减量服务既是保险业社会价值的重要体现，也是保险业高质量发展的必然要求。提升"防"的能力、"减"的实效和"救"的服务，是保险业区别于其他金融组织方式的显著特征。保险公司应从深入各行各业运行机制的优势出发，以务实态度和切实手段前置减险、合规控险、精算计险、稽查化险、处置出险，控降社会和行业的整体风险水平。

例如，我国虽然已经形成了全球第一大公路运输市场，但因货运市场分散、管理难度大、数字化水平低、企业精细化运营能力差等原

因，事故率和死亡率居高不下。ADAS 的全国推广为保险公司风险减量管理提供可靠抓手，通过最大限度汇集车辆运行数据、交管系统和保险数据，保险公司可以打造智能驾驶风险管理体系，实现对单车的风险预测、过程监管、事故反欺诈等智能操作。以此为基础的车辆司机行为数据，加之货运价格数据，可实现如车辆分期、司机创业贷款保证险等在内的对运输企业和司机车主更广泛的价值赋能。

第四节　业务实践分析——以某保险公司为例

通过对信保业头部机构的组织架构和业务特点进行分析，我们尝试为信保机构管理和展业模式的发展思路提出全方面建议。

一、发展现状

自建线下营销团队获客是当前信保机构展业的主流模式。在人员归属设计方面，有些机构是直接在体系内下设分支机构和营销团队，有些则是将线下团队能力打包成立独立公司，与信保机构以合作形式开展业务。这样做有以下几点好处：风险隔离、成本费用化、营销团队管理弹性强。但并不是所有业务与关联信保机构合作就可以实现客户流量的最大节约。本次详细剖析的头部企业便是其中的典型代表之一。

我们发现，该头部保险公司通过设立 A 金融科技公司（以下简称 A 公司）获客，相关资产可以直接与银行资金对接形成信贷资产，也可以通过关联的本保险公司旗下 B 信保部门（以下简称 B 信保机构）增信后再对接银行资金。在现实操作中，A 公司与 B 信保机构业务捆绑十分紧密。2020 年，A 公司年放款额约 2 800 亿元，其中 91.2% 的业务由 B 信保机构承保（约 2 500 亿元）。按照 B 信保机构平均保费 9% 推算，A 公司为 B 信保机构至少贡献 230 亿元保费收入，占 B 信保机构保费收入的 60% 以上。

二、A 公司商业版图

早在 2005 年前，A 公司便开始在以深圳为核心的珠三角地区开展线下小额贷款业务，在线下展业和信贷 O2O（Online to Offline，线上到线下）方面积累了丰富经验。2015 年业务开始迅猛增长，A 公司通过在各地设立小额贷款公司、融资担保公司、金融资产交易所、投资咨询公司、信息服务公司、资产管理公司等方式，形成了在信贷端和财富管理端的巨大商业版图，组织布局如图 5-2 所示。

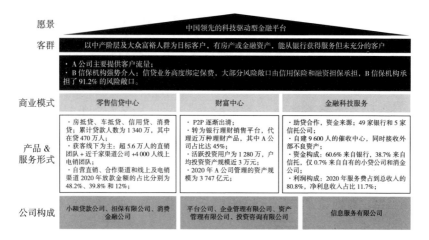

图 5-2　A 公司商业版图

2020年,两家单位所在集团合并营收 1.2 万亿元,归属母公司净利润 1 431 亿元。其中集团下属 C 银行实现营收 1 535 亿元,净利润 289.3 亿元。B 信保机构实现保费收入 374 亿元,净利润 15.5 亿元。A 公司全年实现营收 520.46 亿元,净利润 136 亿元。

C 银行、B 信保机构、A 公司相互配合,各司其职,共同构成了所在集团的信贷版图:C 银行通过低成本资金和牌照优势攫取了最优质的客户;相对次级客户则由 A 公司助贷,B 信保机构增信,对接外部资金予以服务,二者相互配合,较好地发挥了 C 银行的信贷补充作用,共同创造了 150 亿元以上的净利润,服务了 1 340 万个银行以外的个人客户和小微企业主。

无论是从保费收入还是从利润贡献看,信保业务已然是 B 保险公司的第二大险种,其衍生的信贷市场规模潜力巨大。依靠信保增信

（91.2% 的业务由 B 信保机构承保）和集团导流（39.8% 的放款量来自集团渠道）发展起来的 A 公司，其盈利能力逼近 C 银行的 50%。

近几年通过信贷科技转型，A 公司的表外收入占比已经超过 80%，基本完成了去牌照化经营，走出了一条"信保衍生信贷科技"的发展之路。

三、优势与特点

2020 年，A 公司全年放款约为 2 800 亿元，贷款余额为 5 194 亿元，在非金融机构的金融科技平台中排名第二。与传统银行的个人消费贷和经营贷规模相比，其排名第六，位列农业银行之后。累计服务的借款人达到 1 340 万，其中在贷客户数为 470 万人。我们对其业务组织形式和特点总结如下。

（一）与 B 信保机构高度绑定"借船出海"

截至 2020 年年底，A 公司信贷业务中 94.2% 的风险敞口来自第三方增信机构，剩余 5.8% 属于自营资金放款业务。增信机构合作共有 6 家，包括 4 家保险公司和 2 家担保公司，其中 B 信保机构承担了 91.2% 的风险敞口。

双方深度绑定的真实原因不得而知，但利益共赢显而易见。A 公司为 B 信保机构提供了大量的客户资源和金融资产，B 信保机构为 A 公司提供增信服务并对接资金形成信贷闭环，增信获取了9%的保费收入。

A公司通过绑定B信保机构至少获取了两方面收益。一是大幅压降资金成本，可将一年期助贷资金价格压降至5%以下，甚至看齐同期LPR（Loan Prime Rate，贷款市场报价利率）贷款利率（目前一年期为3.85%），大幅提高利润率。二是从图5-2可以看出，除了新申请下来的消金牌照以外，A公司其余牌照均不是"金融牌照"，未来政策走向并不明朗，与信用保证险强绑定相当于借用信用保证险牌照展业，对A公司助贷业务的稳健发展意义明显。

（二）信贷流量主要来自所属集团体系内及线下

A公司的信贷流量主要有三个来源：自营直销、合作渠道和电网销渠道。在自营渠道方面，A公司建立了超过5.6万人的线下销售团队，覆盖全国270个城市，贡献了48.2%的放款量；合作渠道方面以所属集团其他子公司渠道公司为主，依托信贷质量更好、笔均贷款金额更高的优势，贡献了39.8%的放款量，其他三方合作机构还有210家，包括收单机构、税务系统提供商、二手车平台等；在电网销渠道方面，A公司有超过4000人的线上及电销团队，主要发放信用贷款，尤其是老客户的复借业务，通过AI自动营销和有效客户运营，提高了客户复借率，降低了获客成本。

在获客成本方面，线下直销、合作渠道和电网销分别占比42.5%、

47.6%和9.9%。按照放款金额计算，2020年借贷业务的获客成本率和日常营销费用率分别为2.5%和0.6%，合计的借贷业务综合获客成本率为3.1%。

（三）客群定位于银行的次级客户，以小微企业主为主

A公司累计服务放贷客户1 340万，其中，92%的客户有信用卡，57%有其他银行贷款，47%有寿险产品，57%有房产。小微企业主是最核心的目标客群，在借贷业务中占据主要份额，在2020年新增贷款中占比达69%，贡献了接近100%的抵押贷款和59%的信用贷款。

A公司解决的痛点是：传统银行很少向"小B端"提供无抵押类贷款，而互联网巨头又很难提供大额贷款。因此，与传统银行以及蚂蚁或腾讯等互联网金融机构相比，A公司的笔均贷款金额和线上化程度介于两者之间。

（四）产品以消费贷、汽车贷款、房抵贷为主，定位做银行的补充

A公司面向小微企业主及工薪阶层提供的信贷产品大致可分为信用贷款和抵押贷款两大类，其中以信用贷款为主，占比为75%—80%。

在贷款金额方面，抵押贷笔均贷款金额约为40万元，信用贷笔均贷款金额约为15万元。从贷款期限看，平均借款期限在1—2年之间。

从借款人平均综合成本［年化 IRR（Internal Rate of Return，内部收益率）口径］看，信用贷为 28.6%，抵押贷为 17.4%，从 2020 年 9 月开始，所有新增产品综合费率已降至 24% 以下。

这里有个值得深思与讨论的问题：A 公司为什么选取银行的次级客户做银行的补充？我们通过剖析信保业务的价值内核可找到原因。贷款的利息收入可分为两部分：无风险资金成本和风险溢价利得。信保业务形式上是为投保人提供保证增信服务，本质上赚取的是风险溢价利得收益。

在当前普惠信贷政策倒逼下，终端价格持续走低，各大银行甚至推出了同期 LPR 水平的小微企业贷款，大幅压缩了风险溢价利得甚至出现"价格倒挂"。银行通过低价竞争基本收割了优质客户群体，信保业务由于天然的价格劣势只能退而求其次做银行的补充，或是服务银行的次级客户。因此，信保业务的本质决定了服务相对银行"次级"的客户。

（五）基本完成了向助贷等轻资产运营模式的转型

资金端采用轻资产模式，以第三方放款为主，自担风险比例较低。一是资金端来源丰富，授信充足。自有小贷公司和消费金融公司放款规模占比逐年降低，2018 年、2019 年和 2020 年分别为 3.2%、0.2% 和 0.7%。外部资方数量众多，包括 49 家银行和 5 家信托公司，银行和信托公司的授信使用率分别为 49% 和 31%，资金供给充足。这得益于 B 信保机构的加持。

从 A 公司收入构成看，主要有以下四个部分：一是表内净利息收入，2020 年净利息收入占比为 11.7%；二是按照促成贷款规模收取一定比例的技术服务费（助贷费用），在总收入中占比为 80.8%，包括贷前服务费和贷后服务费，贷前服务主要包括信用评估、运营、技术服务等，贷后服务主要包括还款提醒、贷后数据管理和催收等；三是通过自有担保牌照获得的担保收入；四是账户管理费和罚息收入等，后两者利润占比可以忽略不计。

从单位利润构成看，技术服务费主要赚取的是助贷流量和产品运营费用，利润空间可观但逐年下降，2017 年至 2020 年分别为 11.4%、11.1%、10.6% 和 10%。

综上，我们可以还原 A 公司的单位价格构成：A 公司通过助贷获得 10% 的毛利率，B 信保机构获取 9% 的保费，加上 4%—10% 的资金成本，所属集团信贷资产对客终端价格应该在 23%—29% 之间。

（六）统筹建立强大催收团队

A 公司自建了 9 500 人的电催团队，通过系统优化持续提升催收效能。在电催阶段，自建团队能有效保障催收的及时性和回收率；自催 80 天无果后，委托第三方服务机构进行催收。此外，公司针对抵押贷款建立了抵押物处置的流程，通过与第三方机构合作高效处置抵押物，降低或避免资金方的损失。

　　A 公司积极运用人工智能技术优化流程，提高催收效率。通过 AI 技术赋能人工座席，2020 年 AI 座席服务量达 19.3 亿次，同比增长 41%，覆盖所属集团 82% 的客服总量；AI 座席产品销售规模占全部座席产品的 47%，目前已覆盖超 2 100 个场景，提供包括贷款、信用卡和保险在内的一系列服务；所属集团的保险公司运用 AI 机器人等技术实现智能保单与理赔全流程的线上化、无纸化和自动化，月均 AI 催收贷款金额达 2 719 亿元，全年 AI 催收逾期贷款的金额近 2 000 亿元，AI 催收覆盖率约 27%；AI 催收的 30 日回退率为 78%，高于纯人工催收回退率。

第六章

信保机构发展建议

第一节　场景选择与产品设计

消费金融市场供给侧改革蕴含大量结构性调整机会，而信保业务的牌照价值远未挖掘，发展潜力巨大。

信保企业如何把握消费金融的结构性机会？如何打造一款风险可控且能够持续经营的消费贷保证险产品？过程至少涉及场景选择与产品设计、流量获取与运营、风险流程设计与量化风控、资金方选择与合作、催收管理五个重要环节。

一、优先在无场景消费金融市场中占有一席之地

信保机构应优先与股份制以上银行、互联网银行、头部互联网小贷公司沟通全国线上信贷合作可能性，再与城市商业银行（简称"城商行"）、农村商业银行（简称"农商行"）探讨区域型线上信贷合作

可能性。如此做法仍是基于信保天然适应相对银行次级客户的业务定位。合作的重点有两个：一是已合作客户的提额增信部分，二是不符合银行准入条件的"相对次级"客群。

当然如果缺少合适的打法，银行很难共享自身的客户。首先，信保机构应重点把握以下市场机遇：联合贷规模以上银行的信贷资产释放，规模以上城市商业银行、农村商业银行退出地域的资产承接，中部互联网小贷公司清退市场的资产承接。在银行客户共享方面，可以从经营独立性较强的信用卡部门入手，做符合信保机构风控条件的持卡人的提额增信部分。这需要信保机构与银行之间建立良好的合作关系和深度的互信，这涉及信保机构资方战略的话题，下文会进行讨论。

其次，便是市面上无场景消费贷平台的合作对接了，合作方式主要有两种：一是与意向且风险偏好一致的资方一起，共同形成"放款＋风控＋催收"全套解决方案，为平台方提供全风控资金供给方案；二是为防控平台方抛售"次级流量"的道德风险，信保机构可以采取反担保方式，或要求平台公司通过按比例分担风险的方式快速、轻盈切入消费信贷。但反担保或风险分担机制的使用一定会削弱信保机构的盈利水平，这变相反映了风控水平的盈利能力。

二、信保历史上的"产品之坑"

我国信保业在发展上经历过多次低谷，每次的低谷都伴随着集中暴露的产品风险,甚至可以说是某些产品的风险失控问题导致了行业发展遭受打击。下面我们依次罗列信保历史上出现的风险产品。

(一)与 P2P 平台合作现金贷融资保证险业务

与 P2P 平台合作现金贷融资保证险业务的主要合作方式为:信保机构与 P2P 平台合作,为借款人提供融资保证险增信服务(贷款出现逾期或不良时,保险公司代为向银行偿付),银行看重保险公司的偿付能力为借款人发放贷款;保险公司通过收取平台公司一定比例的担保费用并签订反担保承诺的方式,对冲自身风险。

该产品存在的主要问题有以下三点。一是存在政策风险。P2P 风险在 2015 年年底已现端倪,e 租宝平台爆雷引发巨大社会关注,标志着 P2P 行业步入"刚性兑付"的风险陆续爆发阶段。2016 年年初,保监会就曾下发《关于加强互联网平台保证保险业务管理的通知》(保监产险〔2016〕6 号),对 P2P 平台经营风险进行提示,要求保险公司谨慎开展平台类融资性保证险业务。对于该合作链条上的金融机构而言,如果熟悉 P2P 行业或风险政策"嗅觉"足够灵敏,应该意识到该合作模式潜藏的巨大风险从而采取应对措施。然而我们遗憾地发现,很多保险公司缺乏风险敏感性,反而于 2017 年甚至 2018 年启动了与 P2P 平台公司的合作。2020 年银保监会叫停 P2P 业务后,这些公司被迫采取"一刀切"方式暂停合作,导致在保资产的风险"硬着陆",引发了延续多年的经营亏损问题。二是风控手段粗放且单一。保险公司在不具备线上风控能力而逐笔看风险时，仅通过简单依靠平台反担保方式规避风险，对平台公司尽调不足，对底层资产质量了解不够。三是对产品设计和管控不足，所有流程操作、风控审核、贷款要素全部由P2P平台公司主导，而P2P公司由于先天逐利性，时间久了会导致客户准入放宽、风控放松、终端利率过高等失控情形；当大规模风险暴露出现时，信保机构又会出现缺少风险减量管理抓手、对理赔资产的追偿能力不足等问题。

（二）汽车金融保证险业务

更准确地说，汽车金融保证险可称为：汽车融资租赁保证保险或汽车抵押贷款保证保险。该产品的合作模式为：针对网约车司机或自身资信水平不满足银行等金融机构车辆分期要求的车主购车需求，通过融资租赁或车辆抵押贷款等风险缓释手段发放购车款。但鉴于有些银行资方对融资租赁方式的认知度不够或接受度不高，信保机构为融资租赁或车抵贷业务提供增信服务，并收取车主一定比例的保险费用。

在当前市场上，涉及车辆的融资性保证险有两种产品形态。一种是个人或小微企业主的消费贷或信用贷保证险，通过个人名下车辆抵押作提额增信，该险种以判断个人主体信用状况水平为主要风控审核标准和授信依据，车辆仅作为增信提额的条件之一，除此以外还可提供个人名下房产、有价证券等资产证明材料，常见的情况下，车辆并不做抵押。另一种则是汽车金融保证险,该产品的核心风控抓手是车辆抵押基础上的车辆跟踪和追查手段,授信主要依据是车辆残值。两种保证险对车辆的依仗程度不同,授信逻辑不一,风控手段、保前保后操作流程差异较大。

汽车金融保证险是当前融资性保证险的主要产品形态之一,但从产品表现看,不同信保机构表现不一,有的盈利,有的亏损。亏损的原因主要有三。第一,从业机构参差不齐,行业发展波动性强。尤其是从 2020 年起,汽车融资租赁行业发展步入低谷,中小平台大量倒闭导致不少信保机构发生批量刚兑。第二,与 P2P 业务类似,信保机构并未深入了解每笔业务的底层资产质量情况,只是通过收取平台公司保证金和风险兜底承诺方式来对冲风险。在"银行信信保,信保信平台"的层层传递下,最终靠平台公司的综合能力兜底风险,一旦行业环境恶化,大量中小平台公司经营陷入困境,信保机构的超额赔付便无法避免。第三,与 P2P 业务不同,汽车金融保证险的展业、运营、风控等操作主要在线下,信保公司与渠道公司信息不对称性强,容易滋生关联串通的道德风险,渠道公司诈骗、窝案、骗贷情况高发。

(三)房屋租赁保证险

房屋租赁保证险是指信保机构通过与长租房平台公司合作,为短期租房客户提供房租分期的增信服务,在操作手段、风险缓释措施、反担保结构设计方面与汽车金融保证险非常相似,不同之处在于底层资产更为虚浮且缺少风控核心抓手。首先,房屋的产权或抵押权并未掌握在信保机构或平台公司手中,其仅持有一段时间的房屋使用权;其次,客户的违约成本很低,在违约前客户只需搬离所租房屋,平台公司缺少资产追偿手段;最后,互联网长租平台为吸引投资主动追求业务规模的快速扩大,内部管理松散,假合同、骗贷款情况严重,底层资产严重失真。

长租房是互联网业态创新的产物,其商业模式的底层逻辑并不成立,后因监管政策出台而一夜之间崩塌,但与之合作并受牵连的信保机构不在少数。

(四)小结

在上述案例中,行业和政策风险、风控简单依靠平台反兜底以及信息的严重不对称是导致产品失败的共性原因,更深层的原因是信保机构没有遵循信用风险的客观规律,没有对底层资产、客户的欺诈风险、流程操作风险、行业及政策风险进行深入分析并设计针对性的管控手段,导致客户和风控"两头在外"。

融资性保证险的功能是信用增信,只有和银行等放贷机构进行产品融合才能形成放贷闭环。由于信保机构承担了业务的大部分风险,因此不能指望银行或平台公司中的任何一方就整体风险进行兜底,这是对自身业务不负责任的表现,责任与风险不对等、不匹配必然将导致超额赔付的后果。反担保手段只是防控合作公司道德风险的风险缓释手段之一,是第二还款来源,绝不能替代对借款当事人第一还款来源的审视与判断。

三、在优势险种及保险场景中寻找信保机会

(一)研发与保险高度贴合的分期或保贷联动产品

保险品种上要优先选择市场规模大(信贷天花板高)、保费高(确保有分期需求)的险种,如车险、健康险、寿险的保险分期或保单质押信保产品或与农险深度嵌套的三农贷款信保产品,实现保险与信贷双促进。保险分期产品或保贷联动产品与保险产品有明显的交叉溢出效应:保险分期可极大降低保险销售门槛与销售难度,同时多次还款显然增加了保险公司与客户的黏性,为盘活客户价值与生态运营增值提供了抓手。

保险分期和保贷联动的客户首先是保险客户,其中不乏多次投保的优质客户,为风控能力处于初创阶段的信保机构提供了难得的白名单客户。通过合理设计线上账户体系与支付清算工具,可以将信保产品与保险出单系统、结算系统进行无缝连接,实现分期产品与保险产品的深度融合,甚至还可以形成逾期欠款资金闭环。

(二)结合自身优势挖掘市场难以触达的潜在客群

从 2020 版《中国保险年鉴》中得知,我国 88 家正常营业的财产保

险公司中，有84家开展了企业财产保险业务，有77家开展了工程保险业务，有40家开展了农险业务。支农支小是监管鼓励的发展方向，不存在政策的巨大调整风险，依托企业财产险、工程保险等险种的展业场景挖掘中小微企业的信保需求，围绕农业保险客户触达和营销体系设计三农相关信保产品，将为信保业务的发展提供海量客户资源和足够的发展空间。

以农业保险中商业养殖保险为例，我国生猪养殖市场规模达1.82万亿元，肉牛、肉羊养殖市场规模达上千亿元，其中，70%以上是中小养殖户，存在大量的资金和保险需求。有此资源的信保机构可以充分复用农业保险线下团队从而联合推广信保业务，在配备少量驻点风控人员的基础上可以产生巨大的人效投入产出比。在具体操作方面，鉴于涉农经营贷款的复杂性，建议逐个行业建立风险认知，结合市场需求推出不同细分行业品类的信保产品，如生猪、肉牛、肉羊贷款等。同时，坚持"小额、分散"的经营理念，避免批发式、粗放式发展模式。

（三）围绕保险生态上下游寻找信贷机会

从供应链入手是小微企业信贷业务的成功范式。可以重点挖掘产业链辐射较高险种的上下游供应商，如针对车险理赔链条上的大量维修企业及企业主，基于理赔维修款提供企业主经营贷款或法人透支贷款；或者从企业财产险或工程险客户入手，从关系较好、规模较大的核心企业的应付账款做起，逐步切入产业链条的商业信用环节之中，为其商业主体信用提供增信服务,支持企业发展,同时也为保险的持续营销奠定良好客户基础。

我们十分看好针对商业主体信用进行增信的国内贸易信用险的发展前景,与银行保函、保理或国内贸易融资等信贷产品相比,国内贸易信用险具有腾挪企业的银行授信、帮助负债出表、准入门槛低、收费低廉等诸多优势,是值得信保机构深耕的领域之一。

第二节　消费金融与流量

一、流量形态及触达方式的演变

流量并不是互联网特有的属性,其自古就有,伴随着商业而出现。

流量的本质是商家能够主动触达到的客户及方式,流量形态与触达方式的演变与人类通信方式的变化息息相关,我们将其发展历程分为四个阶段。

1.0阶段:商家和客户之间通过地址通讯录上门见面联系,流量形态表现为一个个物理状态的个人,商家的主动触达方式依靠销售员的面对面营销实现。

2.0阶段:出现了电子通信和移动通信,商家和客户之间主要通过电话座机通讯录（黄页）、寻呼机、手机进行联系，零售业务"三流"之一的信息流可以一定程度上由电子通信完成，资金流和物流还需线下店面交付。此时的流量形态部分演变为一个个电话和手机号码，商家的主动触达方式演变为电话营销和外呼中心，这些方式至今仍然是很多行业的主要触达手段。

3.0阶段：互联网的出现颠覆了人与人之间的信息交互方式，较之电话等电子通信技术，打破了点对点、7×24小时的若干限制，实现了更高效的信息交互。此时商家与客户之间的沟通方式变为网站、电子邮箱、QQ、ICQ，以及各类贴吧、社区、博客、微博等互联网通信方式。这类通信方式的共同特点是：PC端，主要以单向信息传播为主，互动性差。流量形态演变为客户的各类互联网通信方式账号，主动营销方式变为互联网通信交流与营销。

4.0阶段：步入了移动互联时代，商家和客户之间主要通过App、微信、短视频和直播平台等方式交易信息，信息交易密度更高，互动性更强。此时的流量形态为App中的账号、手机号码（注册所用），主动营销方式演变为App端内push、广告页、红点、通知、留言、语音甚至信息量更大的短视频、线上平台直播等。

二、新零售的商业本质：流量与变现

2022年，某平台百万粉丝博主的新零售商业课程火了，我们将其课程的基本理念归纳为以下几点：一是店铺的选择要遵循客流量要大、租赁面积要小的原则；二是产品选择策略方面注重细分爆款，单价要低，利润要高；三是经营策略方面注重翻台率，走销量，追求店均极致的投入产出比；四是商品的交叉营销，主打产品成功后，加入关联商品售卖；五是营销方式上要注重线上、线下联动，同步销售成品、半成品，加强品牌认知。

当今的新零售运营策略与商业形态较早期已经发生了翻天覆地的变化，但商业模式的本质发生过变化吗？

答案是：没有！

从本质上看，无论运营策略如何变化，零售业务始终要遵循并解决好"获客—变现"这两个基本环节及衔接流程。只不过新时代赋予了新零售新的获客方式和变现方式，过程中的量化分析帮助经营者优化经营策略，新型营销策略实现了更高效地赚钱。

（一）流量与变现的异构与分离

个人计算机和互联网的出现与普及改变了人和人的信息交互方式，较之书信、电话和传真等传统通信方式，个人计算机和互联网大幅提高了信息交互量，人们可以更高效、更高频、更及时地交流信息，这属于生产工具的迭代为生产力带来的提升。

由于我国后发优势，在此阶段持续时间并不长，基本覆盖了从20

世纪 90 年代末到 2010 年的十余年时间，之后便快速进入以手机为主要介质的移动化发展阶段。

智能手机和移动通信的变革与迭代重构了人类生活和 To C 的商业方式。手机功能越发强大，可以为越来越多的工作和生活场景带来便利，完成绝大多数的信息交互，同时也占据了人们绝大多数的时间。

由于各式各样的信息均通过手机获取，引发了商业交易过程中"谈判—支付"和"货物—交付"环节的分离。以前的交易流程是线下的、面对面的，变现与流量获取也是统一的、时空一致的，往往是一手交钱，一手交货。而现在是人们通过手机了解、评价产品，完成支付，商家再通过物流将货物交到客户手中，完成交易。

互联网平台提供的产品或服务并不是全部在线上完成的，如淘宝、滴滴是通过线上展示标准化的产品和服务信息，并提供用户比价、选择、下单与支付功能，至于具体购买的商品或者提供的车辆服务，是快递公司按照订单将货物快递到指定位置，或指定车辆按照订单搭载用户到指定目的地，均是通过线上线下 O2O 异步完成的。

从本质上看，线上化、移动化是将交易过程中"软"的部分，即信息交互的部分（线上支付也是一种信息交互）挪到了线上，将"硬"的部分（即货物或服务的交付）转换了方式并放到了信息交互之后，"软""硬"之间通过 O2O 完成。

当然，交易的标的可能是货物，也可能是服务，而服务有多种形态，有些服务是可以完全线上完成的，比如贷款、理财等金融服务。

而对于可以线上交付的服务，交易的全流程可以全部转移至线上，免去了O2O的烦琐流程。

（二）线上流量的新特征

移动化将客流转变为线上流量，一般来说，形成优质线上流量需要具备两个条件。

一是线上的产品或服务因解决了客户的重大痛点，促使用户形成了较强依赖和使用黏性。这种黏性表现为用户较高的主动使用频次（一般用每日打开App次数、浏览某板块次数、浏览时长、使用服务次数、消费金额等指标来衡量）。由于具备了大量的、以一定频次登录并使用App及服务的客户，互联网平台因此建立了线上流量优势，线上流量常用访客数、浏览量、访问次数、日活跃客户数、月活跃客户数、平均访问深度、平均停留时间、跳失率等指标表征。

二是产品和服务的主要形态和主要流程可以通过线上完成，商家拥有各式各样线上触达客户的运营手段。由于互联网平台与客户的交互均在线上，互联网企业形成了多种线上手段用于保持与客户的沟通频次（目标指向拉新与促活），如提示红点、端内push、自动弹窗、短信激活、赠送权益、形成会员文化等，这些均是互联网平台与客户的直接互动手段，具有批量发送、效率高、成本低甚至智能化、机器自动化触发等特点，我们称之为"线上触达手段"。

(三)新零售是更先进的生产方式

由于商品或服务被移植到了互联网和手机中,客户的选择、对比、支付等重要决策流程都可以线上、实时完成,交易时间大幅压缩,流程与体验自主完成,客户购买任何商品或服务变得轻松而高效,无感和冲动必然促进消费的进一步扩大。

以线上销售为主要内容的新零售大行其道,很多传统 To C 商业模式遭遇挑战。谋求转型发展,离不开围绕"流量"和"变现"两个主要环节重构商业模式。

而在此过程中,流量的获取始终是重中之重。新零售从业者应时刻关注流量变化的新趋势。首先,一些新晋电商(如拼多多),拥有着较之传统电商更低廉的获客成本和更高的转化效果;其次,应密切关注当今流量偏"娱乐化""短视频化"的趋势特点。新零售大背景下,商家可能要在持续生产娱乐、短视频内容的同时,将自身产品或服务巧妙地植入其中,看似"不务正业",实则是醉翁之意不在酒。此外,广泛建立与相关视频博主、中小网红的联系,建立起类似"调动资源为中小网红导流+动员网红带货"的相互依存的商业关系。

成功做法没有定式,在当下公域流量价格畸高且转化较难的大背景下,如何巧妙地将公域流量转化为私域流量考验着每位商家的眼界和智慧。

在互联网大行其道的今天,线上流量占据了举足轻重的地位。以零售电商行业为例，2021年，全国网上零售额达13.1万亿元，同比增长14.1%，增速较2020年加快3.2个百分点。其中，实物商品网上零售额达10.8万亿元，占社会消费品零售总额的比重为24.5%；中国电商销售额在国内零售市场中占比52%，位列全球第一。

不仅零售行业被互联网企业颠覆，通信、出行、餐饮、视频娱乐甚至是银行零售业务等，凡涉及To C业务的细分行业均被互联网颠覆。互联网企业凭借极致的产品体验和强大的行业整合能力颠覆、重塑了To C行业玩法，替代了传统零售厂商与个人客户之间的直接联系，引发了流量及其触达方式的质变。

在传统零售模式下，流量是区域的、线下的、时间受营业时间限制的、沟通低效的、服务质量参差不齐的，触达方式是依靠人工的、面对面的。而在互联时代的新零售模式下，流量是全国的、线上的、7×24小时的、信息密度更高的、服务标准统一的。触达方式彻底改变了零售形式，主要是线上单方向展示、"图片+文字"的形式尚缺乏感性的人文关怀，也可以说此类服务是缺乏温度的。

视频直播之所以成为当前流量主要形态，核心价值是进一步优化了移动互联的线上触达方式，商家与个人客户的交流实现了更多的双向交互，触达由主播驱动更能体现人文关怀和温度，信息的收集和对比不要求个人客户掌握娴熟的手机操作技能，老年人和受教育程度不高的人群接受度更高，线上下单决策的门槛更低。

由于个人客群习惯于使用手机解决零售问题，零售行业已不可避免地呈现出以移动互联静态页面或视频直播为主的现状。广大消费者的使用习惯经过十余年的养成教育已经形成，作为零售从业机构只有顺应趋势发展方能保持竞争活力。因此便不难理解为何很多企业纷纷通过建立自有App、网络直播室等产生"触网"行为。

（四）公域和私域流量

无疑，当前的线上流量主要掌握在互联网企业中。对待流量，互联网企业同样经历了一个从浅到深的认识过程。

一直以来，流量被互联网企业视为生命线，是估值和变现的基础。曾经，互联网企业对自己辛苦获得的私域流量保护极严，很少允许向外导流，即便导流，所有交互界面也必须亲自操刀，合作机构只能"无感"地躲在背后模块化输出。

当"私域"做大到一定规模之后，互联网公司的"私域"自然变成了其他公司的"公域"，尤其是当视频直播这类泛娱乐化的流量形式大行其道时，优质内容的供给便成为互联网企业保持流量活跃的"基础养料"。互联网企业自身无法提供如此海量的优质内容，因此，互联网企业对流量的看法发生了变化，开始鼓励其他个人或企业在其"公域"中运营"私域"，导致平台不断引入更多合作机构，通过更深入的流量相互带动，促进流量黏性的进一步提升。

这一变化为传统公司的私域运营提供了难得的机会。传统企业

（如银行）在此之前运营私域的难点在于：只能完成线下产品的线上化，至于拉新与促活等私域运营方式，受制于自身产品需求度不够高、打造高频场景又因体制机制"水土不服"等原因效果较差。因此，传统企业自造私域的方法基本宣告失败。这一点在中国工商银行下架融 e 购案例中得到了验证。

在公域流量平台上运营私域可能是一条道路，但关键在于传统企业需准确理解私域流量运营密码，下定决心，调整姿态，利用好公域流量平台，打造好自有 IP，实现向 App 等自有可控平台的转化。

三、保险流量现状

（一）线上化程度不高，传统大型险种还是以线下营销方式为主

这是国内财产保险公司的主流形态。由于保险产品结构复杂、销售难度大、同业竞争激烈，且多数地区的传统险种尚未实现电子保单，保险公司产品销售主要通过线下人工或电销方式开展，并未形成客户的线上使用习惯，因此也不具备线上触达手段。

传统触达方式需要驱动销售团队线下完成客户触达，方式间接且效率低，目标导向需要体制机制保障。但好处是如果处理得当，客户体验会很好，对高净值客户尤其如此。

（二）不直接对客，中间渠道把控着流量资源

由于流量以线下为主，保险公司很难通过自建团队方式快速占领市场。为了实现增长目标，往往与很多具有线下流量优势的渠道公司合作，通过销售代理和利润返佣的方式，寻求更大规模的保险出单。这种合作方式的弊端是，市场处于上升时期时，问题不容易显现，但随着同业竞争增多，流量变得稀缺，渠道公司便待价而沽，不断提高返佣比例，进一步恶化竞争。

To C 的生意单纯依靠自营模式的确很难，且往往是规模不经济的。因此才有了 To B（To Business，面向企业）、To C 的商业模式，比如零售中的加盟商或一级级销售代理商。但是无论何种方式的 To B、To C，核心都在于对 B 的把控，比如食品零售行业或通过垄断原材料、半成品，或通过独家食品配方等方式将渠道商的"忠诚"与利益捆绑。对于同险种的财产保险来说，保险条款和价格并不构成垄断，需要在其他方面通过差异化保险服务构成竞争优势。

但为何同属金融持牌经营的银行，没有形成保险的渠道经营模式？我们尝试分析一下原因。

首先，相比保险业务，早期银行的核心业务开展形态决定了其无法通过中间商办理业务。例如，早期的存款和贷款都是现金形态，必须点对点、面对面给付，如果通过代理方式，很难厘清其中法律责任而导致纠纷，且容易遭遇诈骗。

其次，相较于存款、贷款等银行业务，国人对保险需求刚需不强，这源于中国人自古形成的思想意识和长期习惯，我们不多讨论。由于保险相比银行核心业务不是刚需，且保险行业更接近于乙方市场——需要凭借强有力的销售驱动，为了完成销售任务，是自营还是通过渠道销售便不那么重要了。

（三）分散不聚集，规模效应不明显

由于保险由销售驱动，且流量多为线下，长期以来便形成了分支机构等前台部门拥有较大话语权的情况，客户流量和渠道资源分散在各地前台人员手中。与线上流量相比，营销行为传导链条长，环节多，且需要由人员驱动，营销效果自然较差。

保险行业急需将当前线下流量转化为更具效率的线上流量，但存量转换难度较大，主要原因如下：一是传统线下销售与运营方式形成了既有生态，线上化改造涉及现有流程再造和利益重新分配，阻力较大；二是保险产品同质化严重，销售返点、权益赠送等因素导致销售动作标准化较差，客户自主线上全流程操作难度大，需要人工介入营销；第三点也是最重要的问题，普遍来讲，保险产品是销售驱动型业务，客户对单一保险的需求欲望刚性不足，且保险购买一般以年为单位，产品触发频次低，保险的线上方式很难引发客户的主动登陆或购买。

在前文中，我们分析了A公司的流量结构，其信贷流量主要有三个来源：自营直销、合作渠道和电网销渠道。在自营渠道方面，A公司建立了超过5.6万人的线下销售团队，覆盖全国270个城市，贡献了48.2%的放款量；合作渠道方面以所属集团为主（通过集团内共享客户资源和交叉营销实现），其他三方合作机构为辅（共210家，包括收单机构、税务系统提供商、二手车平台等），合计贡献了39.8%的放款量；在电网销渠道方面，A公司有超过4 000人的线上及电销团队，主要发放信用贷款，尤其是老客户的复借业务，通过AI自动营销和有效客户运营，提高了客户复借率，降低了获客成本。

四、信保流量的获取之法

回头看信保业务，由于当前主流的信保业务展业方式是优先复用原有保险业务线下团队和客户群体，此时的流量是线下的、间接的。这便注定了信保业务的发展特点：受线下营销团队限制，信保流量激活效率低，业务起量慢。但信保流量对其他险种来说也有优势：由于需求更为刚性，且一般每月均需还款，因此可以较大提升流量黏性和活跃度。因此，信保业务最好与其他险种同步集成在同一App之中，以促进流量效用的最大化。

信保流量的重要性与场景需求（对信用风险规避需求）、风险偏好和可控性同样重要，不是要不要做的问题，而是能做多大以及如何做的问题。当选定好一个业务场景和产品定位后，自然首先选择保险公司自有流量，其次再考虑建立自营团队和渠道资源，只是这种流量多是线下的、间接的,需要想方设法发动、调动其管户客户经理或是渠道公司的积极性,将存量保险流量转化为信保流量。一般来说,对信用风险的规避、对融资的需求是普遍的、迫切的,信保部门重点要考虑的是选择好客群,并安排好利息的定价与承担。

保贷联动是被理论和实践证明的操作,其中最为直接和主要的方式是保险分期。在分期保险产品的选择上,应优先选择保单价值高的险种;从流量角度看,要优先选择完全线上展业的新保险险种。这类险种天然依附于某一线上场景或某一互联网公司展业,能够较为顺畅地通过线上手段直接获客。如此安排信保业务,营销和展业足够"轻",可以快速提质增效扩量。

对于一家保险公司,在流量迭代方面,有必要整合并强化线上流量入口的运营与管理,打造统一 App 客户触达平台;设立客户运营与增长部门,丰富 App 产品形态,形成频次高低不一的产品生态体系;投入资源引进客户权益与增值服务,围绕用户量、活跃度、交易额等核心指标提高获客量、客户活跃度与价值贡献。

第三节　企业融资与国内贸易信用险

普惠金融任务考核一再加码,倒逼大中型银行大幅提高了中小微企业贷款投放力度。根据《中国普惠金融发展报告（2021）》，2021年，全国商业银行普惠型小微企业贷款余额17.8万亿元，同比增长29.3%，高于各类贷款平均增速9.7个百分点。企业类贷款年化利率为4.62%，较2020年年末下降0.05个百分点。

是哪些中小微企业贷款产品支撑了银行业如此快速的业务增长？通过广泛调研，我们汇总并分析了主流银行的各类小微企业贷款产品。刨除对小微企业主的个人"增信提额"贷款以及房屋抵押/增信贷款等产品外，我们将利用金融科技和数字化风控进行中小企业融资创新的做法分为以下两种："横切"打法和"纵切"打法。

一、打法介绍

"横切"打法，是从收集可供风控的企业线上数据入手，结合行业特点建立企业线上风控模型。如中关村银行从国家高新技术企业的ERP系统切入，基于财务、税收数据判断企业经营状况。另有一些银行通过地方政府搭建的数据平台获取更为丰富的工商、税收、海关、电力、公积金等数据，以还原企业经营实力，核定可授信额度。"横切"打法的创新之处在于：通过获得企业的客观经营数据还原"三表"（资产负债表、利润表和现金流量表），避免了人工操作风险，压降了尽调成本，但并未改变传统的主体授信方法。

"纵切"打法，是针对某一细分行业或核心垄断企业进行数字化改造，获取产业链条上下游企业的"四流"数据，还原产业经营全貌，为企业提供全方位金融支持，或基于"商流"和"现金流"提供应收应付融资，或基于企业可支配收入发放流动性贷款，或基于库存设计融资产品，或针对一批或几批加工或贸易项目开展项目融资。

"纵切"打法在数字化程度高的互联网行业中体现较为充分，如网商银行针对淘宝电商上下游中小企业的融资服务，以及苏宁银行针对苏宁上下游中小企业的融资服务。"纵切"打法的前提条件较为苛刻，但并不妨碍部分领域数字化后特定融资方式的提供，如浙商银行线上保理解决方案，还有中企云链的电票系统支持的承兑业务。

二、对"四流"的掌握是必经之路

由于对公征信数据维度不足，"横切"打法只能作为线下尽调的补充和验证，同时鉴于涉及行业领域较为广泛，并未改变传统主体授信方式，产品标准化程度低，应用潜力有限。

相比之下，"纵切"打法更契合金融科技对中小企业融资改造的前提条件，产品数字化、标准化、线上化程度高，容易实现"大数据建模与闭环场景风控相结合"的授信风控逻辑和信贷全流程自动化操作，运营成本低，风控效果更好。同时，由于风险在不同地域、不同行业间差异巨大，对于中小微企业融资市场供给侧的新进入者，采取"纵切"打法更符合商务拓展逻辑和风控客观规律。

在切入点选择上，应充分结合股东资源或强势业务、存量优势场景或客群等具有先天优势的要素禀赋，进而定义产品形态，设计产品流程并找准业务切入点。在行业选择上，优先选取数字化程度高、更符合金融科技改造前提条件的行业。在险种产品选择方面，鉴于小微企业融资保证险风控难度较大，作为"经济毛细血管"的个体工商户或微型企业，可从"to 法人个人"的 C 端小额贷款保证险切入，以法人个人授信为基础，以可验证的企业三方对公数据资料为授信调节因素，以"小额、分散、循环授信"的产品形态满足小微企业主日常经营资金周转需求。

三、国内贸易信用险是信保业务切入小微贷款的优先选项

无数案例表明，供应链金融是"纵切"打法中最为成功的商业模式，其以核心企业信用水平为依据对上下游企业进行信用辐射，具有以点带面、易复制的特点，是计划从事企业金融的信保机构的优先选择。

除此以外还有一个重要原因，信保机构还掌握一把切入供应链金融的"利器"——国内贸易信用险和以工程履约保证险为代表的各类企业非融资性保证险。国内贸易信用险较之银行的国内贸易融资或国内保理业务具有不占用企业主体授信和信用出表的特点，工程履约保证保险较之银行履约保函具有免收企业保证金、收费低廉的产品优势。

由于各种原因，长期以来上述险种大都处于自然增长状态，未得到系统性强力推动，导致市场认知度不高，规模不大。我们认为，信保机构应该重点布局国内贸易信用险和工程履约保证险，将此业务作为进入企业金融领域的重要抓手进行系统推动。

在具体操作方面，从风险保证标的看，国内贸易险分为承保信用销售风险的应收账款保险、承保信用采购风险的预付账款保险和承保贴现后营收商业承兑汇票收款风险的票据保险，其中，应收账款保险市场成熟度较高，可以优先布局。

国内贸易险的核心价值是协助企业通过信用销售方式稳固与核心客户的贸易关系，扫除合作障碍，促进扩大再生产，同时帮助企业优化财务报表，提升信用等级，赢得银行融资支持。

在目标市场和客户选择上，应重点开发中央企业和地方大型国企客户群体，积极争取跨国经营的外资企业客户群体，择优开发上市公司和行业龙头客户群体。

在承保模式上，要全面推广"统保保单"业务，对于"挑保保单"业务，要严格规定最高赔偿限额和授信金额上限；重点支持买卖双方供求关系紧密的，以工业原材料、半成品以及产成品为交易标的的货物买卖合同以及服务贸易合同，审慎对待贸易关系不稳定的进出代理合同业务以及委托加工代理合同业务。

在承保条件上，应重点支持180天以内的业务，严格限制超过一年的业务；对于非"统保保单"业务，最高赔偿限额控制在最低保险费 40 倍以内，对于已出单业务的续传，最高赔偿限额应控制在最低保险费的 60 倍以内。

在行业选择上，积极支持销售收入快速增长、盈利能力较强、偿债能力高、经济周期性波动较小和需求不断增长的行业的业务投保，制定国内贸易险自身的"行业知识库"和"准入行业名单"，以行业为单位建立事业部。

在风控设置上，风控团队按行业建立自研团队实施跟踪研究和实时动态预警，关注承保风险集中度和核心企业供应链中单一客户占比；以客观数据为依据、以行业为单位建立企业准入模型、信用等级评估模型和保后预警模型；过程中应特别关注信用交易额、放贷范围、付款习惯、放账期限等指标异常值；对贸易真实性、业务稳定性和投保动机进行重点核实；通过保单执行回顾，建立保单效益评价体系，加强保单质量分析总结。

第四节　工程保证保险

一、概念释义

工程保证保险是以工程建筑类合同为基础合同的保证保险，保险标的是工程合同中履约义务人的权责义务。当义务人未能履行合同义务，并对权利人（也为被保险人）造成权益或经济损失时，由保险人按照事前保单约定，采取措施继续保障项目顺利进行或履行补偿责任。

根据工程合同内容和保险标的不同，工程合同保证保险常分为工程投标保证保险、工程履约保证保险、支付款保证保险、工程质量保证保险、农民工工资支付保证保险和维修保证保险。可以看出，工程保证保险的险种贯穿了工程项目全部生命周期，可以保障发包商、承包商、业主、承包商工人群体甚至分承包商、设备供应商等工程项目上下游企业的权益不受损害，是确保工程项目顺利进行的全方位金融保障设计。

在实际展业中，由于保险对象相近，工程保证保险常与雇主责任保险、职业责任保险、安全生产责任保险、建筑工程一切险、安装工程一切险等险种一起，形成对建筑工程项目的全方位风险保障。

二、国外工程担保制度演变与现状

在很多国家，保证保险与保证担保是混业经营的，在工程建筑领域也是如此。工程保证保险起源于美国的建设工程担保制度，发展至今已有百余年历史，是现代保证保险中最为古老的险种之一。1894年，为整治工程建设行业乱象，美国国会通过《赫德法案》，要求联邦政府的工程项目必须取得工程担保，以保证工程项目的顺利完工。

工程担保制度在美国的成功示范，引得很多国家纷纷效仿。在经历了国际咨询工程师联合会（Fédération Internationale Des Ingénieurs-Conseils，FIDIC）的持续发展后，如今已经成为建筑工程领域风险与质量管理的重要制度框架和方法论合集。

在工程担保制度发展的历史过程中曾出现了银行担保、保险公司保险、专业工程担保公司担保、第三方建筑企业同业担保等多种形式。当前，从全球范围看，银行保函、工程担保公司担保和工程保证保险是市场主流，美国、欧洲、日韩等工程担保发达国家占领主要市场份额，但由于国情和历史条件不同，不同国家的主导方式不一。

按照担保范围和索赔条件的有无与多少，工程担保可以分为有条件担保（或有条件保函）和无条件担保（或无条件保函）两大类。有条件担保要求银行、保险公司、担保公司的赔付必须基于被担保人（或工程合同义务人）的违约责任，即只有在被担保人出现担保合同规定范围内的违约行为后，工程合同权利人才能发起索赔申请。无条件担保则为"见索即付"的担保或保函，权利人无须证明义务人违约，只要按照担保合同（或保函）中载明的索赔程序出示相关材料，银行、保险公司、担保公司等保证人就要赔付。

两者相比较，无条件担保更有利于保障权利人权益，索赔体验更好，但由于必须以义务人的足值反担保为前提，因此义务人的负担更大；有条件担保则有利于发挥保证人（银行、担保公司、保险公司）

的主动风险管理、增信与担保作用，更符合担保或保证保险的原本意义。在实际操作中，鉴于银行在资金监管、授信管理方面的优势，无条件担保常由银行提供，而有条件担保则多由保险公司和专业担保公司提供。

（一）美国

以美国为代表的美洲国家普遍采取高保额和强制性工程担保机制，比如美国要求公共工程项目必须强制投保工程保证保险，其中投标保证保险的投保比例为20%或投保额最高为300万美元，履约保证险和付款保证险的投保比例必须为100%。由于投保比例高，采取无条件担保会极大提高工程义务人的成本负担，因此美国等国家的担保模式均为有条件担保，能够出具担保的机构必须为经批准设立的保险公司或专业保证公司，银行不允许从事该业务。

（二）欧洲

欧洲国家众多，情况较为复杂，各国投保条件和比例要求不一，但整体来看以无条件、低保额的担保方式为主。欧洲的担保市场主要由银行垄断，各国的投标保证比例大多处于1%—5%之间，履约保证和付款保证大多处于5%—20%之间。

强制性方面情况不一，如西班牙、意大利要求公共投资项目实行强制性担保制度，而丹麦、荷兰则没有强制性担保要求，英国则要求一定金额以上的项目实行强制担保。欧盟正致力于统一担保模式，并整体呈现由自愿投保向强制投保和美国式高保额担保方式靠拢的趋势。

（三）日本、韩国

在亚洲国家中，日本、韩国的担保制度最有代表性。20世纪中叶，为促进经济和建筑行业的快速发展，日本、韩国实施了最小化承包商负担的同业担保承诺制，即业主自行开展资格预审并以替补承包商的担保承诺进行风险兜底。该制度极大推动了工程建筑行业的繁荣，但也暴露出严重的发展问题——缺乏监督，以及容易滋生串通欺诈事件。由于业主采取的是自行预审制而非公开招投标，审核专业度及权威性不足容易导致工程质量偏低；由于采取替补承包商承诺担保制，原承包商往往会与替补承包商串通，虚抬价格，降低质量，替补承包商出于风险及趋利的一致性乐于配合。该制度执行至20世纪末遇到较大问题，由此日韩开始引入美式合同保证保险模式对工程担保机制进行改革。

在投标阶段，要求投标人至少提交合同金额的5%的保证金或取得银行、保险机构提供的相应保函；在项目实施前，要求承包商强制性支付30%—40%的预付款或取得专业预付款保证机构的承保，以防备资金不足的工程开工。

（四）FIDIC

FIDIC 于 1913 年在比利时根特成立，当时的成员为法国、瑞士、比利时的各个咨询工程师协会，如今其成员分布在六十多个国家。中国工程咨询协会于 1996 年正式加入 FIDIC。

FIDIC 聚焦咨询工程师会员机构和国际金融机构关心的话题，致力于坚持打造高水平的工程实施项目标准。出版物包括：各类会议和研讨会的论文集，为咨询工程师、项目业主和国际金融机构提供的建议报告，资格预审标准格式，工程实施各阶段合同文件以及客户与咨询单位协议书等，其制定的建设项目管理规范与合同文本已被联合国有关组织、世界银行和亚洲开发银行等国际金融组织以及许多国家普遍承认和广泛采用。

FIDIC 秉持"平等交换，公平合理"的原则，规定了项目各参与方的权责义务与风险职责边界，使发包商和承包商的风险分担公平合理、权责对等，可为工程责任纠纷和风险分担提供权威参考依据。FIDIC 还规定了工程项目实施各环节应投保的各式保险，其中包括建安工程保险、承包商设备险等在内的工程责任保险以及投标保证险、工程履约保证险等信用保证保险。FIDIC 甚至提供了各式保险范本，对保险中风险保障范围、保险费在工程成本中列支科目等实操性问题进行了规范,其中很多工程建设过程中涉及的保险具有强制性约定。

三、我国工程担保行业现状与问题

(一)我国工程担保制度发展历史

与保证险的舶来引入一样,我国工程保证保险最早也是为配套国际引进工程建设项目而引入的。1979年4月,中国人民银行下发《关于恢复国内保险业务和加强保险机构的通知》时,就曾拟定了《建筑工程一切险》和《安装工程一切险》的条款及保单。同年8月,中国人民银行、国家计委、国家建委、财政部、外贸部和国家外汇管理总局联合发布了《关于办理引进成套设备、补偿贸易等财产保险的联合通知》,其中规定:引进建设项目的相应保险费用应列入投资概算,并向当时独家经营的中国人民保险公司投保建筑工程险或安装工程险。

国内项目的保险投保遇到了与国外引入项目截然不同的境遇。1985年,国家计委、中国人民银行和国家审计署在联合下发的《关于基本建设项目保险问题的通知》中指出:"对建设项目实行强制保险加大了基建投资,增加了工程造价,这种做法不妥。"由此规定了国家预算内资金统筹的基建项目不投产财产保险,地方政府或部门自筹资金的基建项目,采取自愿投保原则。由于当时的工程项目多是由政府主导,政府对项目实施掌控力强,而且相关部委规定了国内项目不强制投保,因此当时的工程相关担保或保险仅停留在国外引进项目领域。

转机出现在 1994 年，建设部、中国建设银行为适应市场经济的变化，印发了《关于调整建筑安装工程费用项目组成的若干规定》，支持将部分保险费用列入工程成本。随后的《保险法》《担保法》《建筑法》《合同法》《招标投标法》《建设工程质量管理条例》等一系列法律、法规的出台进一步推动了工程保证保险制度的发展。

随着大量水平参差的供应商涌现以及工程项目的密集上马，工程项目建设风险急剧暴露，市场呼吁更科学有效的风险管理机制，市场需求增加。1999 年，建设部曾分析并提出了在全国实施强制性工程保险和工程担保制度的必要性；2000 年，建设部发布了《关于在我国建立工程风险管理制度的指导意见》和《关于在我国建立工程风险管理制度的研究报告》，正式提出在我国逐步建立以工程担保和保险为核心内容的工程风险管理体制。

2003 年 4 月，建设部印发《关于加强 2003 年工程质量工作的意见》，表示将积极推进工程质量保险制度。同年 5 月，建设部在《关于加强建筑意外伤害保险工作的指导意见》中对建筑意外伤害保险作出了强制性要求，并明确了建筑意外伤害保险的范围、保险期限、保险金额、保险费、投保、索赔、安全服务以及行业自保等指导意见，极大提高了该险种对工程建筑行业的覆盖度。

建设部 2004 年印发《关于在房地产开发项目中推行工程建设合同担保的若干规定（试行）》（建市［2004］137 号），2005 年继续印发

《工程担保合同示范文本（试行）》（建市［2005］74号）等文件，进一步规范了我国建筑市场上民事担保机构的行为。

2005年8月，建设部、保监会联合印发《关于推进建设工程质量保险工作的意见》，为我国工程质量保险提出了基本制度框架。该意见要求各地建设行政主管部门和保险监管部门要加强对工程质量保险工作的指导，推动相关部门、企业积极参与工程质量保险的投保和健康发展。

2013年是我国工程保证保险发展的重要节点，保监会进一步解除了保险公司涉足工程保证业务的禁令，保险公司开始正式进入保险保函和工程担保业务领域。

2016年，为进一步减轻工程企业尤其是中小企业的负担，国务院办公厅发布《关于清理规范工程建设领域保证金的通知》，提出要将保证金缴纳方式转变为银行保函等担保方式，从此拉开了政府推动保函代替保证金的序幕。2020年，国家发改委印发《国家发展改革委办公厅关于积极应对疫情创新做好招投标工作保障经济平稳运行的通知》（发改电［2020］170号），进一步明确提出要改进投标方式，大力推进电子保函业务发展。

两项政策的提出极大推动了工程担保保函市场的发展，为工程投标保证险指明了发展方向。保险公司积极参与到各地方政府的电子保函市场之中，充分展现了保证保险在该领域的独特价值与竞争优势，成为保险行业进军工程保证保险的重要突破口。

（二）我国工程担保行业市场现状

我国工程担保行业的从业机构主要有三大类：银行出具的工程类保函、工程担保公司出具的担保函以及保险公司出具的工程保证保险。根据工程各阶段担保需求，均能够开具具有针对性的担保凭证。例如，在招投标环节存在银行投标保函、担保公司担保函和保险公司投标保证保险；针对承包商履约能力，存在银行履约保函、担保公司履约担保和保险公司履约保证保险。

在以上三类机构中，银行保函无疑占据绝对市场份额，而在各家开展保函业务的银行中，建设银行的开展时间最早，市场占比最高，这与建设银行在设立之初职责定位为国家建设有关。银行保函业务是一项综合业务，按照用途不同可分为国际贸易类进出口保函、来料加工类保函、技术引进保函、工程投标保函、维修保函等众多类型。由于分类繁杂、种类众多，截至本书撰写时仍没有单独针对工程类保函的市场规模统计。

工程担保行业中工程担保公司的市场份额位居第二，工程保证保险市场份额最小。工程担保公司属于一般担保公司，依据《中华人民共和国公司法》和工商行政管理部门的行政审批条例的规定可获得经营手续和资格。我们从工程担保公司市场规模着眼，管中窥豹分析估量我国工程担保市场现状（见表6-1）。

表 6-1 中国工程担保公司整体发展趋势

年份	项目数量（个）	环比增速（%）	担保金额（万元）	担保收入（亿元）	环比增速（%）
2015	13 530	—		118.61	—
2016	14 349	106.1		122.16	103.0
2017	15 660	109.1		128.10	104.9
2018	17 287	110.4		133.49	104.2
2019	18 204	105.3	1 483.61	138.39	103.7
2020	18 153	99.7		145.86	105.4
2021	19 589	107.9	1 763.05	154.35	105.8

根据资料显示，2021年，我国工程担保项目数量为19 589个，工程担保行业担保金额约1 763.05亿元，平均单个项目担保金额为900万元。2021年，我国工程担保行业收入154.35亿元，环比增加了8.49亿元。自2016年我国工程担保行业快速发展以来，工程担保公司覆盖的项目数量按照年均7%的速度增长，担保收入按照年均5%的速度增长，一直以来比较稳定。

与国外90%以上的工程类合同均由保险公司出具保证保险不同，我国的担保市场主要被银行垄断，担保公司的市场占比也远高于保险公司。根据中国建设部工程质量安全监督与行业发展司的统计数据，全国每年的建筑工程项目的投保率不足10%，保险费仅为建筑安全工程投资量的0.2%左右。

由于银行工程类保函业务规模不得而知，我国工程担保行业整体规模缺乏准确数据。已知，中国银行广东省分行2021年国内工程背景保函余额为310亿元，占国内工程担保公司整体规模的17.5%，可知银行工程类保函业务规模远大于担保公司担保规模。由此推算，国内工程担保行业整体担保金额超过万亿，担保加保险收入至少为千亿级市场。

（三）我国工程保证保险发展问题剖析

我国合同类保证保险并不像美国等西方国家发展得足够充分、健康，有其历史原因。

1. 与保证保险的定位、归属有关

我国的《保险法》与《担保法》均于1995年颁布。作为财产保险中最为独特的保证保险，工程保证保险在选取适用法律方面存在困难。从行业归属上看，其无法实现如美国、日本采取的混业经营形式，即保证保险开具的是担保性质的保函。基于此，我国的保证保险之内涵剖析、与担保的关系、实践操作边界等问题只能自行探索，这导致了长达十年的保证保险发展混乱时期。

2004年，针对各保险公司在车贷保证险业务上的混乱操作，中国保监会对保险公司的具体操作进行了规范。保监会在《关于规范汽车消费贷款保证保险业务有关问题的通知》（保监发［2004］7号）中曾明确要求："严禁将车贷险业务办成担保业务。"这一规定也对我国保证保险与保证的关系以及适用法律进行了定性。

有此规定在前，面对为工程类担保的需求，虽然保证保险可以从事该业务，保险公司却始终面临着行为归属《保险法》还是《担保法》的现实操作难题，这极大地阻碍了合同类保证保险在工程类合同履约担保行业中的开展。

2. 保险机构不积极作为

多数保险公司将工程类保证保险业务看作高风险、低收益的政策性业务，承保和经营并不积极。少数开通工程保证保险的保险公司多是被动地承接国外引入项目，利用国外成熟工程管理体制，仅参与政府主导的大型项目。

此外，长期以来，国家计委、中国人民银行等主管部门认为：一般性政府主导项目投保工程保证保险会徒增成本，没必要强制性投保。因此，地方政府主导项目乃至民间工程项目长期以来均未形成投保习惯，对工程保证保险知之甚少。刚性需求不存在，保费基础不够，供给不积极，工程保证保险没有得到健康发展便理所当然。

之后，面对已经爆发的市场化需求，由于在监控账户资金方面的优势，以建设银行为首的银行业顺应了时代发展潮流，借助账户和资金监管的便利，推出了"保证金+全额授信"的低风险保函模式，一定程度上化解了工程建设过程中的风险问题，迅速占领了市场，银行保函也逐渐发展成为工程担保业务的主流产品形态。

3. 曾经的"多头"监管扰乱了发展节奏

在保证保险、担保业务诞生之初，多头经营与多头监管现象严重，这也是造成合同保证发展不够健康的主要原因。早在 1994 年，保证保险、银行、担保公司都可以从事担保业务，而彼时的中国人民银行并不将担保视为金融行为，关于这一点，从 1999 年 1 月中共中央办公厅、国务院办公厅在《中央党政机关金融类企业脱钩的总体处理意见和具体实施方案》中将中国经济技术投资担保公司从金融机构中排除便可观一二。虽然当时的担保行业名义上由财政部监管，但在实际操作中却形成了按照担保主体所属行业进行分业监管的情况，即银行开具的保函类业务，由中国人民银行监管；保证保险开具的合同类保证险保单，由保监会监管；小企业融资担保业务由发改委监管；住房置业担保则由建设部监管，汽车消费贷款保险又由保监会监管……

虽然最终各类融资性担保业务都被重新定义为金融业务，并统一由银保监会归口管理，但发展至今，一般性、非融资性担保业务并没有明确的主管部门。在此混乱状况下，银行主动以低风险方式占领市场的同时，保险业和担保业也失去了宝贵发展先机。

4. 政策配套始终不完善

由于上述恶性循环，我国工程担保主管政策逐渐偏向银行保函和工程担保业务。例如，《建筑法》《招投标法》等专门法律，鲜有提及工程类保证保险的行为规范；建设部《关于在房地产开发项目中推行工程建设合同担保的若干规定（试行）》（建市［2004］137号）和《工程担保合同示范文本（试行）》（建市［2005］74号）等法规的规范对象更限定在民事担保机构范围之中，直接约束的是银行和担保公司的担保行为。

虽然在后来出台的《关于在建设工程项目中进一步推行工程担保制度的意见》（建市［2006］326号）中首次明确了工程担保的保证人包括保险公司，但一直以来并未明确保险公司参与工程担保的行为规范和具体操作标准。工程保证保险在积极行动的同时，更需要推动银保监会、住房和城乡建设部以及相关协会在政策方面取得突破，形成政策鼓励和保险公司积极作为的良性循环。

四、工程保证保险优势分析

（一）担保范围更广

工程保证保险的设计初衷首先是通过保险公司的主动作为保障工程项目的顺利进行，其次才是对被保险人的损失补偿。这是工程保证保险与银行保函、担保公司担保函的最大区别，也是工程保证保险在西方各国家工程项目实施过程中成为首要选择、占据保证市场领导地位的原因之一。

银行和担保公司的工程担保目标是合理避免风险，保险的工程担保目标则是合理分散风险。银行提供的担保额度往往在工程造价的 20%—30%，所能保障的合同价值远低于保证保险所能保障的合同价值。银行仅将工程担保列为低风险表外业务，仅考虑申请人本身资质，通过"保证金"或充足授信方式寻求业务风险的最小化，并不考虑工程项目风险高低。这一方式仅能做到违约风险的价值赔偿，不能真正降低项目风险，有悖申请人的初衷。

而保证保险则是要通过主动监督和风险管理，参与到工程建设项目的全过程中。保险公司可以引入工程建筑专业人士，建立各类工程项目的风险管控机制；灵活引入高度专业化的第三方风险管理机构（TIS），提供工程各个环节技术检查和风险监控服务，做到及时、有效地发现和化解风险。利用再保险优势，保险公司还可以分散风险，扩大承保能力。

（二）企业负担更小

由于银行将工程类保函定义为低风险业务，通过资产抵押、足值保证金或授信占用方式规避风险，对承包商企业规模、资金实力提出了较高要求，变相增加了企业负担，尤其对中小承包商并不友好。作者通过调研国内多家银行发现，无论是投标保函、履约保函，还是预付款保函，企业申请条件均需满足"具备充足授信额度或缴纳足额保证金或提供银行可接受的足额担保"的要求。而银行授信额度的满足条件十分苛刻，资信评级在 AA- 以上客户才能申请，有资格获得授信的客户基本限定在行业大型头部企业范畴，中小企业很难获得授信，因此只能通过提供足值担保和保证金的方式才能开立保函。无论是提供保证金，还是提供足值担保物，均会占用企业流动资金或优质资产，甚至还需承担担保费，这无疑增加了企业成本。另外，即便拥有银行授信，其额度也经常不够用，当额度不足时，企业还要回到追加保证金和担保物的老路上。

工程保证保险通常不需要企业提供额外担保，对银行授信额度没有直接影响，甚至对获得融资还具有信用加强作用（融资时占用的是保险公司在银行的同业授信）。在成本方面，保证保险只收取保险费用，远低于银行保函的保函开立费用、资金占用成本和担保费等成本。例如，2021 年，江苏省镇江市财政局通过印发《关于在政府采购领域开展履约保证保险试点工作的通知》，鼓励各政府和事业单位投保履约保证保险，极大减轻了中小企业供应商的交易负担。供应商如果采用银行保函，需要笔均冻结 12.2 万元履约保证金，同时支付 4 500 元保函手续费；如果采用保险公司保证险，只需负担 1 700 元保费，除此之外再无其他成本。

（三）业务效率更高

由于银行在开立保函前需要调查企业资信状况，核定授信或担保物，所以提交资料多，审批流程长，至少需五个工作日。保险公司的保险条款灵活性更强，处理效率较高。在江苏镇江的案例中，针对新客户开展的投标保证保险，保险公司在熟悉工程项目背景下通常可以一周内完成客户准入和保单开立，再次申请仅需一个工作日即可。

五、发展趋势预判

在工程担保市场上，保证保险正在快速开疆拓土。保证保险凭借自身产品优势，在投标保证、履约保证、农民工工资支付保证和维修保证环节，展现了对银行保函较强的替代性；在工程质量保证领域，保证保险更能够填补保函覆盖的空白。特别是在普遍被银行视为高风险的行业领域（如钢铁、冶金、煤炭等），保险公司也可开立保证保险。例如，2021年5月合肥市电子保函平台引入保证保险后，保险公司开具的保证保险电子保单对企业的覆盖度达到99.5%，远高于45%的银行保函覆盖度。同时，与银行电子保函相比，使用保证保险电子保单让企业成本从上万元的投标保证金下降至几百元的保费，极大缓解了资金占用压力，令广大小微企业有机会参与更多项目竞争。

工程保险是减轻政府管理负担、发挥建筑工程领域市场机制主导作用的集中体现。我国工程保证保险并未像欧美日韩一般占据领导地位，除了上文分析的原因外，主要还与长久以来政府项目主导市场有关。政府全程发挥监督管理作用，引入担保制度确实意义不大。但随着市场化力量的不断壮大，非政府工程项目数量激增，政府在全程监管方面缺乏积极性也缺乏相关能力，我国急需引入一套完全由市场化规则主导的对工程合同履约进行监督、对风险进行规避的管理手段。正如日本、韩国工程担保市场的发展历程，我国工程担保市场正处于向市场化主导过渡的关键历史时期。从世界各国发展趋势看，工程保证保险是大多数国家的终极发展方向。因此，我国的工程保证保险市场拥有巨大发展空间，有望发展成为建筑工程项目的"标配"。

从当前实践看，越来越多的地方政府开始重视工程保证保险，并将其看作建筑业为中小企业减负、促进金融普惠的重要抓手。截至2021年年底，全国多数地市级政府均明确发文鼓励推行建设工程保证保险政策，掀起了一场工程建筑领域新革命。

同时，电子保函的大力推广为工程保证保险提供了弯道超车的机会。继2019年6月住建部等六部委发文要求"三年内各类保证金的保函替代率再提升30%"[1]后，很多地方政府联合银行、保险公司、科技企业大力开展保函数字化创新，掀起了发展电子保函的热潮。在此过程中，工程保证保险有望凭借其独特价值和难以替代的作用，在电子保函发展竞争中占领先机，成为保险业务扩大工程建筑行业的突破口。

---

[1] 详见《关于加快推进房屋建筑和市政基础设施工程实行工程担保制度的指导意见》（建市［2019］68号）。

第五节　三农金融与两险融合

三农问题与小微企业普惠贷款同为世界性难题。在我国，实现三农金融又快又好发展的难度较大，原因可以归结为：我国地缘辽阔，地域经济发展程度差异和人群贫富差距的问题汇集点就在农村；绝大多数农业和农村企业处于市场经济的最底层，务农人员也是平均收入最低的群体之一；农村产业种类繁多，单一产品市场规模小，传统线下贷款调查方式因投入产出比不乐观而失效；农村地区数字化程度低，大数据风控手段通常不具备使用前提……

为了解决以上问题，近二三十年来我国进行了大量尝试。从2000年尝试设立小额贷款有限公司到各级农业担保机构的诞生，从当初全国推行政银保项目到今日对银行的"精准宽松+普惠金融任务"要求，无论何种政策均绕不开"如何商业可持续地识别和控制三农经济体的信用风险"这一核心问题。

一、蚂蚁金服的操作

在各类三农金融创新型解决方案中，蚂蚁集团的探索最为超前，因此有必要深入分析蚂蚁金服的农村金融战略。

2016年4月，蚂蚁金服正式把农村金融列为与国际业务、绿色金融并列的三大战略方向之一。蚂蚁金服农村信贷有三大模式，分别为数据化平台模式、"线上+线下"熟人模式、供应链金融模式。

为了推广数据化平台模式，蚂蚁大力推动电商交易和支付宝的普及，引导农村交易数据上网留存。目前打法有两个：一是以支付宝为流量入口，重点在农村地区推广借呗、花呗，通过收集农村种养殖业数据信息与农业人口进行交叉验证和增信，提供与城镇居民差异化授信金融服务；第二个打法是与淘宝"千村万县"计划相连，以"智慧县城+普惠金融"项目为入口，从地方政府合作项目中获得的行政收费、税收、工商、种养殖数据等信息入手，由网商银行提供"旺农贷"，为农户生产经营提供大额、可循环贷款。

"线上+线下"熟人模式是通过熟人的线下触达能力与淘宝电商数据相结合的风控手段，面向产业链下游经销商、中小规模种养殖户及小型生产经营户，提供相比数据化平台更高额度的信贷服务。通过线下收集信息，较好地弥补线上风控"软信息"的不足。对于其中有生产型标签的，通过对线下"熟人"（村淘合伙人）尽调进行适度提额。

供应链金融模式与"谷雨计划"紧密联系。网商银行通过淘宝电商，以规模化农业主体为核心发放生产经营性贷款。借助核心农业主体对上下游企业的深入了解，选择资质良好的企业作为融资对象，提供系统融资安排。

上述打法效果显著。经过不到5年的持续经营，网商银行截至

2020年年底的涉农贷款服务客户数累计超1 785万，和772个县域达成战略合作。但同样存在问题，归纳为以下四点：一是随着农村电商用户的增长乏力，"电商—支付—信贷"商业打法复制难度加大；二是由于缺少线下关键信息，农户从支付到信贷的转换率很难提高；三是"智慧县城"项目受限于政府数据开放的真实意愿和能力等因素，扩面增速和落地效果有限；四是三农金融风控中，线下团队的熟人客户筛选和关系型风控必不可少，但中和农信式大建线下团队的解决方案遭到蚂蚁金服和网商银行摒弃，尚未找到有效解决方案。

二、原因分析

三农金融为何难做？核心原因是营销和风控两大痛点问题难以高效解决。在营销方面，农村人群对线上产品自学能力弱，接受度差，导致线上新型金融手段的普及度和接受度较低，线上触达和营销效果不明显，不如线下熟人介绍和口口相传效果好；而建设线下团队成本高、效率低，很难对村镇银行和农信社形成竞争优势，很难成为后进入市场者的优先选择。

在风控方面，三农金融涉及行业众多，每个细分行业因经营模式、成本构成、操作风险、价格波动、销售方式、地域特点的不同而风险各异，需要逐个建立风控逻辑和方法体系，难度大，成本高。同时，鉴于三方大数据少，无法据此开展量化风控；而风控可用"软信息"封闭于线下区域小圈子之内,建立线下团队同样面临成本高、操作风险高、管理难度大、不易标准化等问题。

我们以中和农信为例估算其线下成本构成。2018年年底,中和农信贷款余额90亿元,共有员工4 970人,覆盖313个县级行政区域,30天以上逾期率为1.04%。其单位价格模型如下:平均对接价格在20%左右,刨除6%的资金成本,利差空间约为14%。其中,坏账损失、计提约为1.5%,利润约为2.7%,以线下团队为主的运营成本高达10%,几乎占整体营业收入的一半。倒推估算,中和农信全年人员成本接近9亿元,人均年收入约18万元。

三、解题三大原则

通过上述分析,我们归纳总结出做好三农金融业务的"三大原则",解决好"三大原则"问题,信保机构才能在三农金融领域中占一席之地。

(一)建立高效运营的线下团队

这是信保机构要优先考虑的问题,也是决定性问题。信保机构要优先考虑自身在某一行业、某一地域是否具备线下优势,是否有线下团队可以复用,以实现运营成本最小化。否则将必然重复与中和农信一样的路径——从零开始自建线下团队，且不说能否比中和农信做得更好，重复建设本身缺乏社会价值和创新价值，现实中更不可能建立竞争优势。

况且，三农金融的线下竞争在某些地域已经十分激烈，如河北、山东等养殖大省，主要涉及肉羊、肉牛行业，不仅存在农行和农村信用社，还有各类消金公司、小贷机构、保理机构参与竞争。信保机构一定要结合自身先天优势与禀赋，客观评估自身在三农金融某一细分行业或特定地域内的竞争能力，用于判断是否进入三农金融行业或具体切入点。

以我们对目前市场的理解，在全国三农金融领域有较大体系优势和潜在竞争力的主体至少有两类，一类是开展农险业务的财产保险公司，另一类是全国供销社系统。

农业险保险公司开展三农金融信保业务具有独特的先天优势。首先，保贷联动可以充分发挥两个牌照的互补作用，双向赋能；其次，信保机构通过自建风控能力可进一步防范保险销售风险；最有利的是，线下销售团队可以充分复用，进行保险、信保销售和线下风控，充分压缩运营成本，同时大幅提高风险保障系数。

全国供销社系统的优势在于具有国内规模最大、最全面的深入至农村的体系化组织机构。截至 2020 年年底，全国供销社系统拥有县及县以上供销合作社机关 2 789 个，基层社 37 652 个，组织农民兴办的各类专业合作社 192 460 个，入社农户 1 515.7 万人。

如果能够对供销全流程的"四流"进行数字化改造，并为其中各类参与者建立数字 ID，则可建立覆盖所有农牧生产资料和产成品品类、辐射农资流转全流程的庞大数字供销网，基于此进行精准普惠金融支持，将在很大程度上解决三农金融痛点问题。

在上述两类机构中，由于保险公司属于商业组织，具有紧密的管理、营销体系和更好的数字化基础，尤其是农业保险对信贷的独特作用，我们认为农险和信用险"两险融合"发展思路是解决三农金融现存问题的有效抓手，需要进一步鼓励与引导。

（二）以行业和地域维度建立风控模型

线下团队既要找到潜在客户群体并将多种类型产品营销推荐出去，又要进行标准化风控操作及初步风险判断，对线下人员综合素质提出了较高要求。此功能定位与银行对公客户经理的岗位职责相似，因此信保机构可以按照对公客户经理的标准进行招聘与使用。

人员管理过程中要重点关注体系化培训工作，以快速提升客户经理职业水平和风险检测经验，另外要通过"薪酬留人、事业留人、岗位留人"等手段和具有竞争力的薪酬管理机制、岗位晋升与淘汰机制确保基层队伍的稳定、高效与活力。

保险公司在指导客户经理开展具体信保业务之前，应提前制定信保业务的行业政策和产品政策。鉴于三农金融涉及细分行业众多，风险各异，建议信保机构优先从农险部门最大产品品类入手实施，看清楚行业和地域风险后再设计针对性信贷流程和尽调方式。三农金融常见的细分品类有养殖（生猪、肉羊、肉牛、奶牛、肉鸡、水产等）、大宗种植（玉米、水稻、小麦）、经济作物种植、生产资料供销与流通、生产加工等，单纯从行业风险角度看，我们认为当前的肉羊、肉牛、奶牛养殖和规模以上大宗种植具有政策和价格稳定、地域相对集中等优点，可以作为优先切入的信保品类。

在三农金融风控体系建设方面，结合实践经验，我们设计并已经验证了"信贷工厂+IPC融合技术+行业知识库+单位价格模型+个人征信模型"的有效性，即利用"信贷工厂+IPC融合技术"的方法建立了一整套线下尽调和业务操作标准流程，明确允许进入行业名单，并以细分行业及县域为单位建立行业知识库（具体种养殖品种、种养殖规律、养殖特点与类型、产成品及副产品价格走势、生产成本构成及价格走势、生产设施及工具投入、品种、地域、利润率等），形成细分品种的单位价格模型（例如一头西门塔尔黄牛的收入、成本和利润构成与占比）。最后，利用客户的央行征信、保单信息、农业数据、支付或消费数据、设备数据、网贷多头等数据搭建申请评分模型，结合保后表现及上述指标变动情况建立保后高风险客户识别模型，为线下团队报后管理提供依据。

至于"信贷工厂+IPC融合技术"，简单来说是将IPC信贷员方法和信贷工厂方法进行融合，整体流程上遵循信贷工厂标准化、流水式设计思路，但尽调时更注重发挥信贷员的软信息收集、风险识别能力，并增大与其责任绑定力度。

具体来说，通过运用信贷工厂技术将信贷全流程分为准入初筛（或白名单准入）、现场尽调、贷款复核、贷款审批，贷款发放，贷后管理、贷款的回收、逾期催收、不良处置九个工作环节，每个环节会对需提交的各类材料清单、内容及报送格式作出详细规定。证明材料如照片要详细到如何拍摄及拍摄内容，描述最好要量化数字或明确描述要求等，填报的表格需提前固定好模板，详细规定好每个环节操作人员的动作标准和需要验证或负责的工作内容等。

当然，整个过程最好全部在线上完成，需要搭建用于支持各环节录入与审批的操作系统。IPC微贷技术主要应用于信贷员线下尽调时软硬信息搜集、交叉验证和信用评估审核，主要目标指向是确权、利润核验、营收核验和权益核验。确权是指通过亲见亲签方式核实信息真实性，内容涉及借款人、配偶、主要股东、担保人、营业执照、行政许可、土地使用证明、房车等家庭资产、设备、生产工具、养殖数量或种植面积、主要物料等各类材料的真实性核验和证明材料获取（物证照片或交叉证词等），并且通过与各类人员谈话交叉验证材料真实性和可信度。

利润、营收和权益核验则是通过访谈、实物核对、流水或纳税证明等方式对各项成本、当年产成品及副产品收入、去年收入投向、利润率或者负债情况进行估计与核验，协助客户还原资产负债表和损益表，其中通过填报指标生成的毛利润率，要与客户口述毛利润率、行业毛利润率进行比较，确保偏差不大且能够解释。

（三）用数据科技创新推动产品迭代

经深入观察发现，近年来的数据技术创新不断改变三农金融的展业形态和风控模式，减少了线下人员的工作量，增加了客户信息维度，提高了信息核验的客观性和准确性，在此列举一些已被验证有效的创新技术手段。

第一，农业保险数据。农业保险与信贷牌照之间具有明显的互补和价值溢出效应，农业保险的作用不止于此。由于农险保单相关信息均由保险公司农险人员和协保员队伍线下收集而来，为防止骗保等问题，其会对农户投保数量、保额等信息进行现场核实，以确保相关信息的准确性（可能会有少保或未全额投保，但一般不会出现超保的情况）。类似数据可为信保或信贷机构对农户经营真实性进行核验并估算主营业务收入提供可靠依据。

第二，卫星扫描和无人机遥感技术。通过该技术，可以远程核验种植作物面积，对于果实较大的，还可以估算产量。在实际操作中，一般是将卫星扫描或无人机遥感地图集成在线下客户经理移动端，请农户描述或亲自划定地块四至范围，建立地块与农户的关联关系并建立档案；结合事先建立的具体作物的行业知识，用于评估农户主营业务收入水平。蚂蚁金服便是采用了相同的做法。

第三，税务数据获取技术。对于规模以上种养殖和加工企业，税务数据能够直接倒推出企业收入水平和过往经营存续情况，具有强金融属性。随着各地税务数据的不断公开，数据线上可获得性变强，已经具备应用于线上批量风控的可行性。缺点是税务数据对于农业种养殖行业覆盖度不高，仅适用于特定监控严格行业或规模以上企业，属于当地银行的服务客群范围，竞争较为激烈。

税务数据应用效果较好的行业有奶牛行业。受监管政策和牛奶加工核心企业影响，一定规模以上企业均装有税控机，信保机构可通过线下尽调或是接入线上税务数据获取税务数据。依据税务数据、与"奶牛数量＋行业知识"推测出来的经营情况以及与养殖户口头沟通的情况进行三方核验，则可以较为准确地核实经营真实情况或养殖户诚信情况。另外，由于证明了过往一段时间的经营盈利情况，可以与养殖户口述过往利润资金规模进行核对，对投向进行判断核实，可谓一举多得。

第六节　车险分期保证保险

车险分期业务可以深度结合保险主业场景，较好地规避客户和风险"两头在外"的被动情形。具体说来有以下几个好处：一是客户来自本公司场景，有保险表现和数据留存，反欺诈压力大大减少；二是可以结合三方数据对客户资金实力和信用水平进行初步划分，制定梯次准入白名单，为信贷业务尤其是风控能力起步建设提供安全、稳健的环境保障；三是传统险种具有"分散风险，意外赔偿"的作用，可为信贷产品提供一定程度的风险缓释，如果产品设计得当，甚至可以将风险闭环在公司体系内。

一、可行性分析

信保产品与传统险种相结合，从财险全行业来看，车险分期产品可能是优先选项。理由如下：

（一）"天花板"足够高

作为财险第一大险种，车险保费收入占到全行业的50%以上，年保费收入规模达到8000亿元以上，其中乘用车和商用车保费收入占比大约为7∶3，即分别有5600亿元和2400亿元以上的分期市场规模。

按照经验，商用车市场资金需求度较高，车险分期可渗透规模达50%，也就是1200亿元；乘用车需要看产品终端价格以及保险企业补贴等因素，同时由于单价较低，客户分期意愿本身较低，因此按照5%的可渗透率进行估算，大约有300亿元分期市场规模。基于上述分析，车险分期市场规模至少达1 500亿元。

如此规模的单产品信贷空间，国内信贷市场中除了消费贷市场外，只有像新房按揭、房抵贷等房贷场景，或是新车分期、车抵贷、融资租赁等汽车金融场景这种大宗消费品的信贷产品的市场规模在此之上。

（二）发展潜力巨大

车险分期市场不是新鲜事物，早在2011年某商业银行信用卡中心就已开办车险分期的相关业务。随着专业化参与者越来越多，行业始终处于"小而散"的状态。由于缺少精确统计，据估算当前市场规模不超过100亿元，潜在发展空间巨大。

（三）保险企业的天然战场

为何行业发展了十年时间却始终小而分散，原因是产品流程中痛点问题的"开关"掌握在保险公司手中，除非保险公司积极配合，否则产品体验提升、操作线上化、关键问题解决方面的难题无法克服，行业发展也无法进入顺畅通道。

例如，由于车险分期产品很难接入财险的出单系统和核算系统，只能通过线下手工方式确认资金到账情况、投保单生成与否并获取投保单锁定资方权益。此方式运营重，成本高，操作风险有敞口，时效和体验差。除此之外，还有实名制问题、退保资金闭环账户设计等问题，这些问题直接影响到资方权益及放贷资金安全，均导致外部三方企业很难实现产品的线上化与极致的客户体验。因此，保险分期业务始终是保险公司的"自留地"，其他经营主体很难实现规模化发展。

（四）保贷联动双促进

国务院前副总理刘鹤在《两次全球大危机的比较研究》一书中曾指出："信用是将未来消费提前到即期，从而扩大消费需求的有效手段，也是市场经济条件下保持一定消费规模，实现与生产规模平衡的方式……如果运用得当，可起到加速发展的作用。"

经过多年实践，银保联动在减少贫困、降低风险、推动普惠金融发展方面的溢出效果已被普遍验证，在农村金融领域作用尤其明显。2016年中央一号文件甚至提出逐步探索并建立农业保险和涉农信贷的双方联动机制，两者能否相互促进、协同发展对于我国农村金融和经济发展具有举足轻重的作用。

但与此同时，我国的保险业渗透率远低于西方国家水平，信贷在保险销售中占比更低。如果能提供信用的购买方式，进一步降低大众保险消费门槛，则有利于保险行业的健康发展，也有利于我国金融普惠、保险普惠水平的进一步提升。

这一点对于中小财险公司尤为重要。信保业务通过引入信贷手段，大幅降低了保险销售门槛，极大带动车险销售，提高了费用管理的合规性。如果能够引入低成本资金，等于变相为客户提供了普惠融资，在增加保险公司保费收入的同时，巩固了与客户的关系。

二、车险分期行业发展历程

保费分期业务从最早信用卡分期业务开展以来，分期资金用于支付保费的用途便随之出现，发展至今大致可分为三个阶段。

（一）阶段一：2011—2015 年

网销业务已逐步在主流保险公司形成规模，鉴于车主客群的优质性和稀缺性，该类客户资源得到了众多银行系金融机构的青睐。银行希望车主客群通过发放借款人信用卡并引导信用卡分期等方式购买保险，但由于私家车车险保费均不高，且信用卡免息时间较短，车主客群分期意愿并不强烈。究其原因，银行的产品逻辑并未从客户需求出发，而是将既有的信用卡分期业务简单嵌入场景中，导致产品场景贴合度低、客户体验较差，未能形成规模化的商业模式。

（二）阶段二：2016—2019年上半年

互金业务快速发展，部分创业公司捕捉到市场需求，纷纷涌入市场。由于受个人车险实名制限制，个人线上信贷产品无法走通，此时保险分期产品主要瞄准中小型运输企业和物流企业等商用车市场；展业方式主要为经纪代理、车商等渠道营销或自建地面营销队伍；产品形态逐渐演变为定制化、嵌入式保险分期产品，客户体验得以改善。

资金来源主要为P2P、信托等，成本较高（一般介于8%—12%）；加上创业公司利润和渠道返佣，市场价格推高至月费率0.7%—1.5%（年化内部收益率为15.12%—32.3%）；风控方式多依靠退保。

创业公司主体的逐利性，决定了保险分期业务与保险公司车险业务之间的风控机制、利益机制难以达到平衡；加之对客价格较高，此时的市场虽然玩家众多，但大都规模很小。其中规模最大、最具代表性的企业为京东金融，高峰时放款规模不超过10亿元。

（三）阶段三：2019年下半年以来

随着国家普惠金融引导政策力度逐渐加大，以及民间借贷利率新政策的出台，现金贷等高利润率互联网信贷市场被大幅压缩，倒逼正规金融机构脱虚向实，资金供给倾斜至场景化信贷产品。

很多大中型银行瞄准了该赛道，凭借低成本资金切入商用车车险分期市场，对客价格压低至年化 14% 以下甚至更低，倒逼信托、小贷等资金逐渐退出资方市场。由于银行同样缺少行业触角，原有渠道公司"拉流量赚返点"商业模式依然存在。在银行的统一组织下，渠道公司有进一步整合和聚拢的趋势，中小玩家从产品统筹运营方转变为渠道销售方，业务主导权向银行倾斜。代表企业有 ZX 银行、XY 银行。

三、行业发展现状

由于缺乏准确数据，当前市场规模难以衡量，个人信用卡分期或消费贷用于购买车险的数据更是无从统计，我们只能按照认知进行市场估算，即标准意义（与保险销售深度捆绑的定制化保险分期）的商用车保费分期全年放款额应不超过 100 亿元。参与主体主要有银行系、保险系和小贷互金系三大类，其中银行系以 ZX 银行为代表，目前贷款余额不超过 50 亿元；保险系只有少量公司在做，规模较小；小贷互金系以信托和 ZJ 小贷为代表，整体不超过 40 亿元。

从同业商业模式看，由于强势互联网从业机构组织机制和人员发生变动，车险保费分期业务规模逐年缩小，我们重点分析 ZX 银行和 ZJ 小贷的商业模式。

ZX 银行目前规模最大，约 20 亿元贷款余额，通过合作 SP 渠道公司获客，产品覆盖所有合作保险公司。在成本构成方面，ZX 银行资金成本约为 6%—7%（年化 IRR 口径，下同），SP 渠道公司多层返点约3—4个百分点，利润和坏账准备约2个百分点，对客价格在11%—12%左右。

ZJ小贷从2019年年底开始开展业务，发展十分迅速。一方面通过与大型财险信用保证险合作保证资金供给，同时通过合作SP自建线下营销团队大面积获客；另一方面借助股东优势，解决了个人车险实名制的行业痛点，不仅能够提供商用车保费分期产品，同时可提供个人车险保费分期产品。在成本构成方面，ZJ小贷资金成本7%以上，渠道公司收费1个百分点，信用保证险收取2—3个百分点，中间运营公司利润1—2个百分点，对客价格在13%以上。

总结两家公司的成功经验，ZX银行胜在资金成本，不绑定保险公司，业务天花板看齐全国商用车险规模（约2 500亿元）；ZJ小贷长于产品体验，利用支付清结算功能解决账户实名制问题，业务天花板突破商用车险市场边界延伸至个人车险分期市场。但是，相比银行的资金成本，其并不具备优势，同时由于不掌握业务主导权，全流程中参与方较多，利润层层加码导致对客价格没有优势。

四、行业发展趋势

（一）利率下行趋势已定，价格竞争日趋激烈

近年来，金融监管导向引导金融行业逐渐向实体经济服务倾斜，

尤其是 2019 年全球公共卫生事件暴发之后，监管部门进一步明确金融机构投放普惠金融贷款的倾向要求，限制民间借贷最高利率，引导金融正规军通过改善资金投放渠道，缓解小微企业融资的压力，降低融资成本。在此背景下，市场贷款利率下行已成为必然趋势。

从市场竞争看，随着银行等金融主力军入场，价格竞争日趋激烈。随着 ZX 银行模式的走通，越来越多银行系资金开始关注车险分期市场，资金成本将快速压降。由于目前展业模式均是通过 SP 加自建营销团队的模式进行业务导流，获客成本较高导致对客价格较难压降至 12% 以内。随着在营销获客环节更有竞争力的参与主体入局，以及营销侧渠道公司的进一步整合，代理层级压缩，市场产品对接价格将进一步走低，预计未来 2—3 年市场价格会压降至 10% 左右。

（二）核心风控原理

当前车险保费分期产品大都以退保为核心抓手，而退保则取决于财险公司的配合程度。由于保险公司的核心诉求是保险销售，并不关心信贷风险，因此自然没有动力主动配合退保。另外，商用车险分期市场的借款人多为运输车队和物流公司，大规模退保情形下若发生了重大交通事故，会给保险公司带来巨大的舆情风险和品牌价值损失。因此当遇到批量坏账时，保险公司很难支持大规模退保，系统性风险也很可能随之发生。

商用车险保费分期客户的用款实质是替换了车险的资金占用，腾挪了生产经营的资金周转问题，第一还款来源应是物流企业或车队的经营收入，退保手段只能作为风险保障措施，而不应作为审核风险的唯一手段。另外，从实际风险案例看，欺诈与虚假投保是高发风险，重点是人车匹配和车险保单验真。2019年国内某财险公司批量保单造假案引发的分期批量坏账便是典型案例。因此，在贷款发放前对借款人身份的核验、人车一致的信息核验、投保单或保单的验真以及偿还能力的评估是十分有必要的。

（三）产品体验是根本，打通瓶颈势在必行

当前行业主流操作还是以线下为主，存在较大的体验和操作风险问题，产品操作瓶颈问题有三：一是未打通车险出单和退保系统，导致投保单或正式保单只能线下核实，无法实时线上操作，放贷环节时间长，客户体验不好；投保单或车险保单无法实时获知是否生成以及是否真实，团伙作案操作风险巨大；二是未打通车险退保环节，只能通过线下方式退保及对账，运营成本高，退保环节时间长，效率低；三是如何通过账户体系解决一致性问题，以及通过清结算方式解决对账问题，是困扰产品体验的行业性瓶颈问题之一。

五、"普惠微利，双险促进"是信保的核心定位

无论是从市场竞争加剧、利率不断下行的外部环境看，还是从获取竞争优势的战略打法看，信保机构从事车险分期业务应坚持"为车险提供有利营销工具"的基本定位，不以追求高利润为首要目标，而是要在"产品合规、营收微利"的前提下，努力扩大车险覆盖规模，将全链条线上车险分期产品作为数字化转型工具的有效切入口，形成车险和信保业务双促进的良好局面。

就产品设计而言，利用同一财险系统优势，打通车险出单、退保理赔和财务系统，做到先出车险保单，即出信保保单的线上实时出单策略，在确保保单真实性的同时完成自动放贷动作；设计二类户账户体系，为放贷客户实时生成线上二类账户，放款资金流经二类户并打款并至财险财务系统，通过资金流跟带车险投保单号解决资金流和信息流匹配问题，解决实名制缴费问题；将退保信息流与二类户扣款策略联动，对于原路返回至二类账户的退保资金，在进行贷款本金和利息清偿后，剩余部分可提现至个人绑定一类卡，圆满解决退保资金闭环问题。

就获客方式而言，应优先调动车险销售团队积极性，令其了解分期对车险销售的促进作用。如有必要，设置合理返佣和内部激励机制，尽量促进存量车险分期渗透率。另外，与市场车险代理渠道广泛接触，制定具有竞争力的市场返佣政策，扩大增量车险市场占比。在车险销售市场，尤其是商用车车险销售市场，购买话语权往往并不在

车主个人手中，而在物流公司、租赁公司等公司的手中，具有竞争力的渠道销售和返佣政策将会带来可观的带动效果。

就风控而言，重点在于反欺诈而不是对客户资信状况本身的严格限制。对保险存量数据进行治理，广泛引入外部数据源；充分挖掘车险销售黑名单客户风险特征，通过特征建模和网络关系拓扑方式设计反欺诈策略。在外部数据源中，中银保信、银联等支付数据、网上行为数据、运营商数据具有覆盖度高、行为特征维度广、拓扑关系易建立的特点，可以考虑重点引入。

就战略而言，客户、数据的沉淀是核心资源，产品创新及科技创新能力是核心竞争力，通过车险分期切入财险车险业务链条后，最终还是要借助协同化保险科技能力助推财险车险业务的数字化转型，锻造出一个具有实际风控能力的量化分析团队和具备敏捷开发能力的技术团队。

第七节 场景风控与量化风控

随着线上信贷技术日臻成熟，具备市场一流的线上量化风控能力是信保部门的必修课。这需要体制机制的保驾护航，需要建立一个与市场充分接轨的量化风控团队予以保障。

一、场景风控：信保机构的优先选择

在自有风控能力自信面对"全敞口风险"前，场景风控是实现风险闭环的好方法——通过主业对借款群体的"影响力"或资金闭环等控制手段，达到对借款人正常履约的"威胁"作用；同时结合对可控、真实数据的量化分析，形成风险认识与控制的"组合拳"。如保险分期产品，可通过逾期退保方式实现资金闭环；又如修理厂贷款，可通过理赔款闭环偿付锁定本金安全。

场景闭环有两个层次。第一个层次是信息流闭环，即信保机构掌握借款人生产、生活用款过程中的信息流，可以准确了解借款人经营状况、项目进展、产品或服务购买或使用进度等情况。在此基础上通过运用合适的风险分析和控制手段，客观还原借款人的资信状况。

第二个层次是资金流闭环，即信保机构通过自身或者合作方战略协同实现对借款人的回款资金掌控，降低对借款主体的资质水平和授信的评估难度，在大幅减少线下尽调或线上数据成本消耗的同时，极大提高了风险的可控性。

从银行等资金方的合作意愿看，在信息流和资金流双闭环的情况下，银行的合作意愿最强，资金流闭环次之，信息流闭环效果最差。对于单纯基于信息流闭环的信保产品，只有与风险偏好、创新性较强或在相关领域有长期运行经验的银行合作可能性更强。但相对应地，银行的资金成本往往较高，这符合"高风险—高收益"的匹配原理。

随着银行对闭环场景的多年渗透，尚未开发的能够实现资金闭环的信保场景越来越少，倒逼着信保机构只能踏踏实实夯实内功，在细分行业中建立独特风控能力或优势打法。

二、对还款意愿的把控：一个容易忽视的问题

再高超的风控技术也只能解决借款人的还款能力评估问题，但始终无法精准掌握客户的真实还款意愿。还款意愿取决于人心，而人心最容易变化。量化分析成立需要满足的基本前提是：通过分析借款人的历史表现来延续判断其当下乃至未来的信用状况水平，但仍无法排除借款人因突发事件导致的偿还能力或还款意愿的迅速变化。

一个好的方法是，通过加大对客户逾期行为的"威胁"力度，加大违约成本和惩罚力度，迫使其保持较好的还款意愿。这令人想起前些年风控领域的一个大讨论：蚂蚁金服的良好风控能力是建立在海量数据的精准量化分析能力之上，还是建立在淘宝生态对违约失信人的禁用等惩罚机制之上？我们认为，一定程度上，后者的作用更大。

但对于大多数不具备生态掌控能力的信保机构来说，建立"自行催收"能力便成为风控链条上的必要一环。建立一套完整的、以"自催"为主的催收能力机制有多重重大意义：第一，尽早介入借款人的还款提醒和催收环节，是避免贷款逾期、弥补理赔资产价值流失的主要手段；第二，可以真实了解客户的逾期原因、近期表现、还款意愿

变化等底层资产一手信息，通过提炼普遍性因素甚至通过量化建模的方式，深刻刻画逾期或不良客户的用户画像，进一步优化保前、保后风控模型和规则，提高整体风控水平；第三，通过建立"自催"能力与三方外包催收能力进行对标，合理确定对三方公司的管理尺度和价格；第四，通过分析逾期客户的问题及原因，制定更合理的"前置化"风控手段。

三、量化风控方法论详解

经过多年实践，大数据量化风控的实践效果得到了科学验证。国际货币基金组织（International Monetary Fund，IMF）2020年重点课题《中国中小企业金融科技信贷风险评估》研究指出："随机森林+大数据"的量化模型效果整体上优于传统评分卡，并且由于数据维度更广、模型迭代频次更高，对规模以上信贷产品效果更优。

量化风控的工作思路是：通过对坏样本大数据参数字段的特征进行挖掘，根据不同使用目的提炼反欺诈、客户评分、授信、利率定价、保后行为表现等模型或策略；通过分析不同因素（参数字段）与收入能力、负债规模、还款能力、还款意愿、违约概率等 Y 值的关联度与影响因子，结合风控偏好选择入模参数，进而形成判定分数支持具体决策。

结合多年工作经验，我们认为量化风控必须注意以下几点。

（一）数据的全面、稳定输入

围绕个人行为的数据维度越多，挖掘出有用参数的可能性越大。其中，强金融属性数据的价值更高，例如央行征信、保险行为、支付行为、税收或公积金等，应是重点引入的数据源类型；诸如手机行为、网上行为、购物行为、位置与出行、学位学历等普适性较好的数据源也具有一定的参考和入模意义；还有很多其他类型的数据，如 ETC（Electronic Toll Collection，电子不停车收费系统）、车辆 GPS（Global Positioning System，全球定位系统）轨迹、驾驶行为、种植地块面积扫描等个性化数据，则对特定场景的特定需求有独特作用，可以结合使用。

由于个人隐私保护等问题越发受重视，信保机构要注意从合法途径获取数据来源。鉴于我国数据产业处于高速发展阶段，要时刻保持与市场前沿的同步交流，及时引入有用数据。

（二）机器学习方法论下随机森林、知识图谱等技术越发成熟

随机森林已经被广泛地应用于贷前风险策略挖掘，相较于传统评分卡和专家经验模型，随机森林对特定客群定制化程度更强，迭代效率更高。知识图谱是基于图的数据结构通过点和边来对客户进行画像，在特征挖掘和反欺诈领域应用广泛，其中聚类和关联算法对于团伙欺诈和黑产识别具有突出优势。知识图谱可以有效还原客户的关系

网络,识别关联风险,进行风险预警和失联修复。

除此以外,还有 XGBoost、LightGBM、Kmeans 聚类、LSTM 等算法工具均有自身特点和适用场景,可以灵活运用并最终为模型效果服务。

(三)强化数据中台的功能定位

数据清理与数据结构化环节对建模效率的提升最为有效,但基础的工作必不可少。将应用到不同方向的数据集市建设纳入中台管理,数据基础清理、衍生变量生成甚至一些简单加工策略指标均直接由中台完成,建立服务于不同目的的风控数据集市和库表。这需要风控等数据需求部门提前明确数据加工要求,将稳定、固化的清洗或提取方法论告知中台部门并予以实现。

(四)支持高效部署与迭代的决策引擎

决策引擎对模型或策略部署、效果监测及更新迭代效率影响明显。决策引擎要具备串联、并联及多级管理的策略部署方式,同时支持不同权限的账户设置功能。更重要的是,要具备支持模型或策略的 AB 测试机制,支持样本的随机、同质划分并实时生成模型结果指标,甚至能够识别异常抖动参数,为建模人员观察、分析模型效果,优化模型策略提供高频的参考依据。

第八节　数据合规与助贷断直连

《中华人民共和国个人信息保护法》和《征信业务管理办法》等法律、法规的出台，使得原有大量第三方公司的非法获取、汇集、倒卖数据的做法无以为继，三方大数据市场面临重构。包括信保机构在内的金融机构需要深刻解读相关法律、法规，调整优化现有数据采购、流转、存储等管理方法，推动整体业务在合规合法应用基础上，锻造形成符合新业态发展要求的数据应用竞争力。

一、数据采购的法律隐患与改造建议

数据采购因场景的不同导致类型和交互方式不同。我们以数据外采中最简单的单向"查询—反馈"为例，对《中华人民共和国个人信息保护法》的要求及相应改造措施进行分析。

按照《中华人民共和国个人信息保护法》的规定，当前以要素核验为典型代表的单向查询操作模式存在法律漏洞，隐含着两个法律风险：一是数据来源及应用是否合法；二是客户告知与授权是否充分。

下面我们分情况进行讨论。

（一）被查询方为一手数据源

我们首先要看数据源公司获取的个人信息是否直接从个人处获取，如果是，当时的处理目的和处理方式是什么？是否获得了个人客户对外提供其个人信息的授权？授权的范围是什么？是否涵盖了查询输出的服务？是否告知了拟输出单位（查询方）的名称、联系方式、处理目的、处理方式、处理的信息类型？信息获取渠道很重要，决定了一手数据源在输出查询服务时是否需要重新获得授权。

根据《中华人民共和国个人信息保护法》第二十三条规定，个人信息处理者向其他个人信息处理者提供其处理的个人信息的，应当向个人告知接收方的名称或者姓名、联系方式、处理目的、处理方式和个人信息的种类，并取得个人的单独同意。

结合《中华人民共和国个人信息保护法》的授权与告知要义，单向查询的标准流程应如图 6-1 所示。

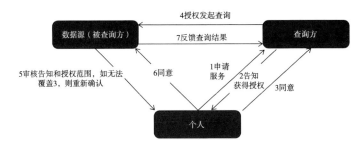

图 6-1 单向查询标准流程图

在单向查询场景下，数据查询方在告知并取得个人客户的授权后,方可将个人信息提供给被查询方(数据源厂商);而作为被查询方,在其将自己处理的个人信息反馈给查询方时(无论是否标签化),同样也是个人信息处理者,应当向个人告知查询方的相关情况并取得授权。作为数据源公司,不能仅依据查询方的单方面告知义务和单方向授权,而免去自身的处理告知义务及应取得的授权。除非,数据源公司曾经明确告知过客户其对外输出的服务方式、输出单位的名称、联系方式、处理目的、处理方式、处理的信息类型。

(二)被查询方为二手数据源

有些被查询方的个人信息并不是从个人客户处直接获取,而是通过代理、技术服务、信息服务甚至授权的方式从一手数据源处直接转接或多次转接而来,我们统称为"二手数据源"。此类场景适用于《中华人民共和国个人信息保护法》中委托处理个人信息(《中华人民共和国个人信息保护法》第二十一条)和向外提供处理个人信息(《中华人民共和国个人信息保护法》第二十三条)的条款。

按照《中华人民共和国个人信息保护法》第二十一条规定,首先,一手数据源要有合理的理由采取委托方式委托第三方(受托人)处理个人信息(此时的第三方即为二手数据源),双方要约定委托处理的目的、期限、处理方式、个人信息的种类、保护措施以及双方的权利和义务等。其次,第三方(受托人)不能超出委托范围处理个人信息。最后，未经个人信息处理者（一手数据源）同意，第三方（受托人）不得转委托他人处理个人信息。

也就是说，如果二手数据源采取委托方式从一手数据源处获得了个人信息的，应确保委托原因合情合理，且不超出委托合同范畴处理个人信息。最为重要的是，未经一手数据源同意，二手数据源不得再行转委托，一手数据源厂商还要对整个过程负监督和管理责任。我们知道，常见的合理委托关系主要有技术服务、信息服务、代理服务，若无公权力赋予，很难作为二手数据源广泛对外提供数据查询转接服务的理由。无合理、合法授权同意，二手数据源厂商以委托名义广泛对外提供数据服务既不合理也不合法。

如果二手数据源厂商将自身定义为个人信息处理者，这又回到了上一个场景的逻辑。其应该提前获得个人客户对外提供其个人信息的授权及范围，并告知了拟输出单位（查询方）的名称、联系方式、处理目的、处理方式、处理的信息类型。而查询方还要评估其获取信息方式的合理性、合法性，以及其与一手数据源厂商的服务关系。

（三）例外的情况

上述场景下若有例外的情况，根据《中华人民共和国个人信息保护法》第十三条，符合第二至第七项规定情形的，不需取得个人同意。具体内容如下：

（二）为订立、履行个人作为一方当事人的合同所必需，或者按照依法制定的劳动规章制度和依法签订的集体合同实施人力资源管理所必需；

（三）为履行法定职责或者法定义务所必需；

（四）为应对突发公共卫生事件，或者紧急情况下为保护自然人的生命健康和财产安全所必需；

（五）为公共利益实施新闻报道、舆论监督等行为，在合理的范围内处理个人信息；

（六）依照本法规定在合理的范围内处理个人自行公开或者其他已经合法公开的个人信息；

（七）法律、行政法规规定的其他情形。

简言之，可以无须征得个人同意的处理人或场景只有几个：合同缔约方、政府部门、新闻媒体以及在突发公共安全事件时公权力机构的临时权益操作。

合同缔约方令我们想起了银行联合贷款，由于两家银行均与个人客户签订了借款合同，因此无须再遵循图 6-1 的告知与授权流程。但是两家银行需要在协议中约定各自的权利和义务，并将处理分工告知个人客户。

还有一个例外的情况是政府部门对个人信息的收集。由于其履行法定职责或义务收集了大量的个人信息，同时按照法律、行政法规的规定，对外提供了个人信息，因此均无须征得个人同意。只需查询方履行提前告知和授权义务即可完成整个查询过程。

2021年12月22日，国务院办公厅印发《加强信用信息共享应用促进中小微企业融资实施方案》的通知，要求各地区、各部门认真贯彻落实党中央、国务院关于加强社会信用体系建设、促进中小微企业融资的决策部署，加快信用信息共享步伐，深化数据开发利用，创新优化融资模式，助力银行等金融机构提升服务中小微企业能力，有效降低融资成本。其中，鼓励市县级政府横向联通国家企业信用信息公示系统，纵向对接地方各级融资信用服务平台，构建全国一体化融资信用服务平台。支持有需求的银行、保险、担保、信用服务等机构接入融资信用服务平台。

上述案例中，虽然数据共享服务对象是中小微企业，但避免不了对个人信息的收集和受《中华人民共和国个人信息保护法》的约束。鉴于上述分析，在现实操作中，各部委和各级政府建立的政务平台及融资信用服务平台在处理个人信息时无须再次征得个人同意，仅需查询方获得明确授权即可。

（四）改造建议

作为金融业基础核验类数据服务，人脸识别、二要素、三要素、四要素的现有核验方式虽被广泛应用，但整个过程是否存在法律瑕疵，还需结合以上三种常见情况进行剖析，需重点对数据源厂商的数据获取方式、告知及授权情况进行仔细判断，这也是个人信息处理者进行个人信息安全影响评估的要求内容。

如果数据源厂商不是各部委、各级政府通过法定义务收集，或是经过公权力委托，除非数据源厂商在主业服务过程中明确告知了个人客户（拟转输出的其他个人信息处理者的名称、联系方式、处理目的、处理方式和个人信息的种类）并取得授权，否则，数据源厂商应取得个人客户的重新授权。

在具体操作方面，对于需要重新授权的情况，建议查询方在履行告知义务并取得授权后，设定界面再跳转至数据源厂商告知及授权界面进行重新授权。对于数据源厂商来说，对外告知和授权界面可以设定为统一接口，同一场景下的内容也是标准化的，只需灵活配置告知对象名称和联系方式。至于数据源厂商如何识别客户的真实性，建议信任查询方的核实结果并在协议中对相关责任进行明确，在尽量保证客户体验的同时，避免产生额外的重复核验成本。

二、《征信业务管理办法》的解读与应对

金融业数据应用在《征信业务管理办法》中有明确规定，其中最核心的要求是：金融机构用于识别判断企业和个人信用状况的基本信息、借贷信息、其他相关信息，以及基于前述信息形成的分析评价信息，必须从征信持牌机构获得。这里隐含着按照数据用途定义数据性质和获取方式的深层逻辑。

这意味着，如果金融机构外采数据是用于评估个人或企业信用状况的，那么外采的数据便是征信类数据，理应从征信持牌机构获得（中国人民银行征信中心运营的国家金融信用信息基础数据库、3家个人征信机构和133家企业征信机构），否则将会受到中国人民银行的违规处罚；如果采购的数据用于其他用途，则并不属于《征信业务管理办法》中对于征信数据的规定范畴，因此不受其约束。

现实中有两个问题时刻困扰着信保机构。

（一）核验类数据的定性问题

我们知道，在线上操作涉及操作人身份识别时会广泛采用人脸识别、二要素、三要素、四要素等核验类查询服务，同样涉及个人信息的传输。在信保机构对投保人进行保前核验和风险评估前会采取同样的操作。这就涉及一个问题，核验类数据是否符合征信业务的定义，如果符合的话，那么信保机构所有的核验类查询服务必须通过征信持牌机构获取。

从现有的行业实操现状和执法尺度判断，以人脸识别、二要素、三要素、四要素为主的身份核验类数据，是线上服务业态下识别和确定个人身份的普遍、基础操作，在风控以外场景同样需要，因此不应被划分为信用数据范畴，不算作征信数据，不用遵循《征信业务管理办法》的约束。

在现实操作中，我们看到，中国人民银行并未要求金融机构的核验类数据必须从征信机构获取，应该也是认可该解释口径的表现。但是类似多头借贷、黑灰名单等其他查询数据，若应用于识别个人或企业风险状况，应被定义为征信数据，因此信保机构应该从征信机构获取。

（二）各级政府建立的融资信用服务平台与《征信业务管理办法》是否存在冲突

在现实操作中，我们发现地方政府搭建的信用平台、政务平台、大数据交易所等，也在从事个人尤其是中小微企业的信息价值交互，其与《征信业务管理办法》中信用信息只能从持牌机构获得的规定存在矛盾冲突。这是否意味着需要按照使用目的定义数据类型？如果数据用于个人或企业的信用评估，则不能够在政务平台上获取？

我们的解读是：不存在矛盾。原因如下。

首先，各部委、各级政府建立的融资信用服务平台是全国一体化政务服务中的重要组成部分和必然发展阶段，而构建全国一体化融资信用服务平台是经中共中央办公厅、国务院办公厅多次印发的包括政府工作报告在内的多个行政发文确定下来的，具有合理依据。

各级政府建立的融资信用服务平台中，均有中国人民银行各级分支机构或国家金融信用信息基础数据库的参与，其操作符合《征信业管理条例》的规定。

其次，《征信业管理条例》（中华人民共和国国务院令第631号）的第二条明确规定："县级以上地方人民政府和国务院有关部门依法推进本地区、本行业的社会信用体系建设,培育征信市场,推动征信业发展。"但其"为履行职责进行的企业和个人信息的采集、整理、保存、加工和公布,不适用本条例"。

由此可见,由各级政府主导建立的信用平台、政务平台、大数据交易所等,属于征信业以外的组织机构,并不用遵循《征信业管理条例》和《征信业务管理办法》的相关要求,可以在本辖区或所辖行业内同时培育和推动征信业的发展。

当然,各级政府在涉及个人信息使用时还须遵守《中华人民共和国个人信息保护法》的相关要求,其中第三条专门对国家机关处理个人信息进行了特别规定。

三、数据管理

(一)将数据合规创新视为打造企业竞争力的抓手

随着"数字中国""工业互联网"等一系列倡议和政策的推行实施,数据对管理和决策效率的提升作用已经广为人知,只是受限于各行业互联网化和数字化程度不同,数据的赋能效果不同。数据价值作用的发挥需要一定的基础设施投入,需要数据团队规范整理数据,不断开发和挖掘数据价值。只有具备了数据基础设施和对接技术条件,才能促成内外部数据的传输与交互,进而发挥内外数据价值。

当前我国的大数据市场面临重构。之前通过明文方式交易数据、数据代理层层转包、缓存数据等做法已不符合《中华人民共和国个人信息保护法》的要求，二手数据厂商、数据代理和转包商纷纷被清理出市场，合法合规数据源骤减。与此同时，数据需求有增无减，市场呼吁尽快明确数据全流程管理细则和标准，尤其是数据交易、定价等制度机制，打消数据源价值输出顾虑，打通数据价值传递堵点。

由于缺少数据交易的法律实施细则，金融机构应该加深对数据相关法律法规的研读理解，厘清合规操作底线和中间模糊地带，瞄准外部数据管理基准。同时保持对市场前沿和监管动态的把握，积极响应监管部门关于数据管理创新技术的政策，深入开展创新技术原理学习与可用性分析，将合法合规且适合自己的创新技术和操作模式引进，享受数据创新红利。

（二）外部数据管理设计原则

我们参考并分析了多家金融机构外部数据的管理制度，将其中的重要管理要素按照重要性由高到低进行排序：合法合规性、持续稳定性、共享连通性、本源权威性、渠道多样性、成本合理性。

其中，持续稳定性是指：由于需求是一贯的，而不同数据源提供的数据服务，即使是同一类型的，也会存在覆盖人群规模和查询方式不同、人群统计特点和特征偏差等问题，从而引发查询结果或模型效果的偏差，因此应着重判断该数据源公司经营的稳定性、该类型数据获取的持续性、技术输出的稳定性、客群基数规模大小（基数越大，特征值的稳定性偏差越小），进而选择数据源公司。

共享连通性有两层含义。一是金融机构内部的充分共享，这需要搭建统一的外部数据引入平台，并打通金融机构内部不同法人主体或分支机构间使用的合规屏障（一般涉及隐私政策与客户授权协议中的相关内容）。二是特指隐私计算等数据传输加密技术的互联互通性。由于不同的数据源公司使用了不同的隐私计算产品，其稀缺数据源会因隐私计算产品的不同形成"技术鸿沟"，因此我们要充分关注数据源支持的隐私计算产品种类，以及不同隐私产品的兼容性问题。

本源权威性是指：对数据源公司采集该数据的合理性和权威性的评估。举例来说，很多机构都合法拥有并存储海量个人客户的身份证照片和身份证号码，可以提供核验比对服务。其中，公安部所持有的个人身份信息数据库最权威，其合规出口将是金融机构优先对接的个人身份信息数据源。此外，金融机构应关注数据源对输出转移数据价值的告知和授权是否充分、合理，这将极大减轻金融机构使用该数据源的合规性义务和负担。

在引入外部数据时，由于在《中华人民共和国个人信息保护法》要求下二手数据源输出数据价值的合法出口已经被限制在很小的范围内，金融机构只需关注一手数据源即可。

渠道多样性是指：为确保业务数据需求的连贯性，对于重要的数据维度，最好有偏差不大的替代数据渠道备份。

（三）数据的分类存储与管理

不同安全等级的数据对应不同的存储策略、技术加密手段、管理审批流程和授权展示方式。信保机构可以参考中国人民银行发布的《个人金融信息保护技术规范》（JR/T 0171-2020）和《金融数据安全 数据安全分级指南》（JR/T 0197-2020）。需要强调的是，对于金融数据安全等级 4 级以上的以及 C3 类别的个人金融信息应采取加密措施存储，且应该脱敏展示。

为了使用方便，有些金融机构还将金融数据按照种类分为：核验类、评分类、标签类、黑名单类、金融市场类、价格评估类、其他类；按照主体分为：个人数据、企业数据、其他数据；按照服务方式分为：接口类、批量文件类、终端账号及报告类、其他类。

数据分类没有统一规范，信保机构可以根据自身业务特点和使用方便程度进行分类。例如，蚂蚁金服按照数据敏感度不同将数据分为三个梯队。第一梯队是非商业化数据源，强调在合法合规的前提下，有效实现非商业化合作，保证业务稳定开展；第二梯队是国家队数据源，作为源头数据，其合规性及数据质量更具备实效保障；第三梯队是商业化数据源，这类数量占比较大但合规性方面存在瑕疵，需要制定针对性整改措施予以合规化、合法化。

在实际使用时，要在数据中台或者不同用途的数据集市中按照上述类别分别建立库表，用于提高检索和数据提取效率。

（四）外部数据管理流程

按照外部数据"需求收集—数据使用终结—退出"的全流程，应建立不同环节的操作规范，其中涉及的主要环节和关键节点如下。

需求评估，包括应用场景和数据需求类型的描述、数据用量估计、效益预测、业务可行性方案和安全保障措施。这个环节主要是对数据采集进行可行性分析，为采购立项做准备。

建立外部数据可用资源目录。外采立项后，需要寻找最合适的数据源。这对数据商务拓展战略团队提出了较高要求：既要围绕重点数据类型收集不同合规数据厂商名单并建立联系，还要深入了解不同公司数据的客群覆盖度、画像范围、标签丰富度、数据整齐性甚至测试支持度等核心能力的差异与优劣。为提高对接效率，有必要提前建立外部数据公司名单目录，按照上述维度建立不同公司的数据档案，并随着使用的深入持续更新目录档案。

合法、合规性评估。信保机构可以结合法规解读形成内部的《可信数据评估标准》，对不同数据源的不同数据类型按照可信度和合规性进行等级划分。

数据安全影响评估。《中华人民共和国个人信息保护法》中对信息处理机构提出了明确的安全影响评估要求，是信保机构的必选动作。评估方法可参考国家标准《信息安全技术个人信息安全影响评估指南》（GB/T 39335-2020）和中国人民银行发布的《金融数据安全数安全评估规范（征求意见稿）》，在此不再赘述。

采购环节。一般来说，信保机构遵循自有集中采购或招投标管理流程即可。需要强调的是采购频次问题。有些机构流程和决策链条很长，往往一年采购一次。这种数据采购频次，很难与频繁变化的外部数据市场和快速创新的数据技术相适应，因此最好设定一些灵活机制或在采购时预留补充操作空间，可为外部数据管理的灵活性加分。

数据规范与统一对接平台。对于实现数据统一管理的信保机构，为方便管理，应统一规范数据标准与使用规范，形成公司内部数据字典。为了提高对接效率，应形成规范的 API 对接接口方案，同时最好搭建一套统一的外部数据对接平台，实现外采数据的枢纽和归集管理。在对接平台上，针对外部数据，可实现标签字段的自动翻译；针对不同使用目的，制定不同的数据查询或调用路由策略，提高复杂调用的智能化程度。

数据系统投入成本及效果、数据使用情况跟踪评估。信保机构应对数据系统的开发投入、成本列支和效果情况进行定期汇总和分析，梳理好历史投入、摊销等财务账目；争取设立一套用于系统上马前后效果对比的量化指标体系。这项工作是富有前瞻性的，方便内部审计与核查，更重要的是为数据资产化浪潮提前做好准备。数据资产化是福泽全企业乃至全行业的重大机遇，将在数据集成、数据经纪、合规认证、安全审计、数据公证、数据保险、数据托管、资产评估、争议仲裁、风险评估、人才培训等细分领域创造大量商业机会，其中数据资产化可能会按照成本列支和效果产能为基础进行核算。

数据使用终结及退出。一个数据源使用终结后要画好句号，结算完历史费用，不留后账；处置好已查得的信息，严格按照数据全生命周期管理相关制度进行存储、删除与销毁。

四、隐私计算的作用

《中华人民共和国个人信息保护法》出台后，合规数据源骤减，对信保机构的风控模型产生巨大影响。由于可用入模变量急剧萎缩，模型效果大打折扣甚至无法使用。为解决上述问题，头部金融机构广泛尝试运用隐私计算方式，通过去标识化方式，更为合法、合规地引入外部数据，补充了风控决策和模型入参变量维度，实现了恢复量化模型效果的目的。

正如中国信息通信研究院发布的《隐私计算法律与合规白皮书》所言，隐私计算并不完全等同于匿名化，只能在某些特定场景下使用某些技术手段实现匿名化。根据《中华人民共和国个人信息保护法》，匿名化的信息不属于个人信息范畴，自然不用遵循相关要求，可以大量优化数据使用方式，减轻企业负担。

《中华人民共和国个人信息保护法》要求个人信息处理者应采取相应的加密、去标识化技术确保个人信息的存储和传输安全，这是每个数据处理机构应该履行的基本义务。根据《信息安全技术—个人信息去标识化指南》，隐私计算项下的很多底层技术都采用了去标识化技术，有助于满足很多金融场景下的保密、加密需求，已经成为金融行业去标识化的主流操作。

我们认为，隐私计算有利于优化数据应用安全环境并维护相关数据主体的权益，有助于实现一定条件下的匿名化并减轻授权同意的合规隐患，更符合"最小必要"合规要求，有效防止了数据滥用，更符合《中华人民共和国个人信息保护法》中"去标识化"的要求，有助于信息处理者的责任豁免。

在过去的两年间，金融行业落地了多个隐私计算项目，相关的案例有：中国工商银行与北京数据交易所的基于多方安全计算的信贷产品联合风控项目、山东分行基于多方数据学习的普惠信贷服务项目；中国农业银行基于隐私计算的普惠金融和联合风控项目；中国交通银行基于多方安全计算的"惠民贷"联合风控项目、基于多方安全知识图谱计算的中小微企业融资服务项目、与银联总公司的基于多方安全计算的图像隐私保护产品和精准营销项目；重庆农商银行基于多方学习的涉农信贷服务项目；新网银行基于多方安全计算的小微企业智慧金融服务项目；华夏银行基于多方数据学习的小微融资风控项目；苏州银行基于隐私计算的普惠金融和联合风控项目等。

五、助贷业务断直连的影响与应对

2021年7月，中国人民银行征信管理局召集多家互联网平台企业，要求其与金融机构开展引流、助贷、联合贷等业务合作时，不得将个人用户主动提交的信息、平台内产生的个人信息、从外部获取的个人信息，如申请人信息、身份信息、基础信息、个人画像评分信息，直接提供给金融机构。行业将相关要求统称为助贷"断直连"。

助贷"断直连"同样对信保机构与流量助贷平台的合作产生直接影响。行业如何应对？《征信业务管理办法》给出了答案：用于识别判断企业和个人信用状况的基本信息、借贷信息、其他相关信息，以及基于前述信息形成的分析评价信息，金融机构可以通过与征信机构合作的方式获取。

"断直连"合规模式大致上可以分为两类：一类是风控数据通道模式，另一类是直连跳转模式。二者区别在于：客户申请信息和风控数据是否由助贷机构通过征信机构转提供至放贷机构，还是由放贷机构自行获取。更深层次的区别在于：与客户交互的界面由助贷机构来做还是银行来做，以及助贷机构对流量有没有独特的、银行需要的风控数据或理解。下面将详细讨论产品形态。

（一）模式一：征信机构转接模式

1. 产品对接方式

对于某些助贷平台，或因其主业本身具备与客户直接交互的线上场景，故而拥有众多线上客户行为数据，或因长期训练从而具备了独特的风险识别能力或客户分辨能力，有必要将上述数据字段或风控模型理解在客户充分授权前提下输出至银行。这些信息对信贷有益，因此客户的风控数据、模型结果甚至决策建议要通过征信机构输出。

在具体操作上，涉及两类数据信息的传输：一类是客户四要素和其他申请信息，另一类是风控字段信息。由于两类信息性质不同，所处环节并不同步。因此，征信机构往往会分别封装 API 接口，采取不同的查询或推送策略（见图 6-2）。

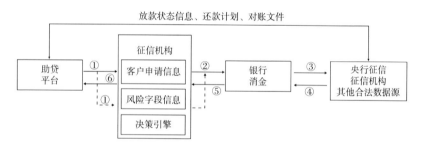

图 6-2　征信机构转接模式

具体来说，第一步，为核实客户身份真实性并确保是本人操作，助贷机构一般会先进行客户的二、三、四要素及人脸活体核验，并连同贷款金额、期限等申请信息一并推送至征信机构 API 封装接口。第二步，接口只是个转接站，会将上述信息第一时间推送给放贷机构。放贷机构受理后出于审慎风控考虑，往往还会再做一遍身份核验。第三步和第四步，放贷机构核实通过后，从各类合规数据来源中调用客户风险字段并形成风险判断和决策依据。其中也会调取助贷平台的独有风险字段和模型结果，当然，须从征信机构封装的风险字段 API 接口中调取。第五步和第六步,将审批意见反馈至征信机构接口,再推送至助贷平台完成结果展示。

至此,贷前审批环节结束,后面进入放款环节。此时无须再通过征信机构中转,而是通过直连API同步放款和贷后信息,即客户点击用信按钮后在线签署贷款协议,放贷机构启动放款并将放款状态、贷款要素、还款计划等信息实时或批次同步至助贷机构进行前端展示,后续还款履约信息采取同样操作步骤。

2.商务签约方式

理论上,这两类信息所属性质不一,签署合同应有所不同:客户四要素和申请信息属于客户引流服务,应由助贷机构、放贷机构和征信机构三方签订协议,在征信机构见证下由放贷机构支付助贷机构客户引流费用;而风控字段信息属于数据服务,应两两签合同,客户授权同意其在助贷机构的数据可通过征信机构对外提供查询服务,供同样获得客户授权的放贷机构从征信机构查询。

但在实际操作中常将上述费用打包,以数据或技术服务费用的方式进行支付。先由放贷机构支付给征信机构,再由征信机构将事先谈好的部分支付给助贷平台。由于数据服务在业务中占比有限,这一签约方式将大幅压缩助贷机构的利润空间,适用于助贷收费较低的情况,同时也达到了降低客户终端利率的监管目的。

3. 风控理解的输出方式

风控理解是指助贷机构长期积累形成的对客户的独特风险判断，具体是指独特、有效的风控相关模型及其策略组合。涉及征信类的信息和模型只能由征信机构提供，但按当前数据确权主流观点，模型和风控理解属于助贷机构的知识产权或无形资产，因此如果明文部署在征信机构侧，会存在助贷机构是否愿意让渡知识产权的问题。

解决思路有两个。一是征信机构在自有安全域中开辟一块区域，专门部署承载着助贷机构模型和策略的决策引擎，入模入参变量均由征信机构从一手数据源获得，投入决策引擎并形成决策动作输出给放贷机构，助贷机构获取"知识产权"的使用费。二是运用可信执行环境（Trusted Execution Environment，TEE）或联邦学习（Federal Learning，FL）等隐私计算技术，确保其他参与方在无法获悉助贷机构模型和策略的前提下获得计算结果。

4. 体验更佳的交互模式

由于刚性原因，助贷机构和放贷机构均须进行客户身份核验（二、三、四要素和人脸活体核验），导致客户体验较差。在此提供一个解决思路，即相关核验通过征信机构来做，并将核验结果两头同步至助贷机构和放贷机构。当然，这个操作会较大改变助贷机构和放贷机构的原有产品设计，双方助贷产品需要深度结耦，需要双方具备较强合作意愿方能实现。

（二）模式二：直连跳转模式

另外一种助贷模式要简单很多，助贷机构需要放弃更多权益，即信贷交互界面全部跳转至放贷机构。此时助贷机构只是提供了一个前段广告界面，客户全部信贷申请和产品交互均交由放贷机构完成。客户真实性核验由放贷机构的核验通道完成，客户风控信息也由放贷机构从自有渠道获得。

助贷平台全程未与客户有任何信息交互，只提供信贷产品广告界面和贷后信息展示界面，因此也不用通过征信机构居中传递。

产品流程比较简单，不再赘述，具体见图6-3。

图6-3 助贷平台流程图

（三）模式的选择

直连跳转模式由于对接简单、成本低，而且信贷流程完全由银行或信保机构定义，因此更受银行、信保机构的欢迎。之所以选择模式一，要么是因为助贷机构更为强势，要么是因为助贷机构有独特数据源或风控理解，必须通过征信机构转接。显然，助贷机构更喜欢模式一，因为能够最大限度维持其对客户流量的把控以及合作中的主动权。足够强大的助贷机构，常常制定统一的产品流程，并要求不同放贷机构按标准对接，如此更能够保证客户体验的一致性及品牌的认知度。但对接成本很高，助贷机构要有充足的流量规模支撑。

而对于拥有线上客户流量但无意深耕金融行业的互联网平台，以及广大中小流量平台而言，由于直连跳转的助贷模式产品上线周期短，对接成本低，在当前不断压降助贷机构超额利润的监管环境下，压缩后的助贷分润可能与模式一相比差异不大，因此在综合考虑投入产出后，往往会选择直连跳转的合作模式。

拥有超强话语权的助贷机构始终是少数，但行业马太效应又使得市场交易规模主要集中在头部助贷机构手中，因此我们预计：在未来的助贷对接模式中，采用征信机构转接模式的案例较少但交易额占比会很高，大量腰部以下助贷平台会选择直连跳转模式；助贷行业利润水平会大幅走低，线上信贷的天平进一步向银行和信保机构倾斜。

第九节　客群定位与价格管理

一、我国保险业与美欧保险业的差异分析

保险业、信保业是金融业的重要组成部分，在美欧等国的金融行

业中占有巨大比重,但为什么我国的保险业渗透率远低于美欧等国?为什么我国的保险业规模与银行业规模相差巨大?我们认为有以下几方面原因。

(一)经济政治制度不同

保险业务源于欧美,是完全由商业市场孵化孕育而生的金融安排,其熨平风险、解决纠纷、有利于社会和经营稳定的作用经过了长期实践验证,逐渐演变成社会运行的基础设施。与我国国情不同,欧美国家是自由商业经济体制,政府职能相对更小,维持经济、社会稳定的很多职能是通过市场安排完成的,保险在其中发挥了重大作用。

当商业主体经历了市场风险的反复无情洗礼后,政府也明确表示没有纾困、普惠义务,商业主体自然会寻求市场手段转移风险。

(二)对待风险的看法不同

东西方在对待财富、风险的态度上有巨大差异。对待未来的风险,东方人更倾向于未雨绸缪,提前储蓄存款或做相应准备以防患于未然。而西方人则冒险意识更强,存款意识较差,并不强调通过自身努力未雨绸缪,而是通过市场机制将风险转嫁出去,交由专业的机构处理,熨平风险波动。

（三）契约精神和法治完善程度不同

西方的契约精神是伴随西方商业文明发展而一路成长起来的，现代商业的底层基础是商业契约精神和完善严格的法治体系，二者相互促进，相互支撑。我国的诚信守诺虽然也是中华传统美德，但并不是与商业经营和法治体制相伴相生，其内核与西方商业契约精神的内核也不相同。当商业契约长期不受重视，且法治体制存在多种其他考虑而不完全支持商业契约时，违约的成本变得极低，劣币驱逐良币作用下基于商业契约而生的商业保险便很难发展起来。

保险是基于大数法则和精算的金融产品，投保人数越多，保险作用发挥得越明显。西方国家的保险业之所以发展较好，是因为保险已经成为很多行业、业务场景的"标配"。比如美国的银行发放房屋按揭贷款的前提条件之一是必须投保房屋按揭保证保险。这一道理在我国同样适用，凡是成为行业标配的险种，其规模就会非常可观，保险作用发挥得更为明显。典型的例子就是机动车商业保险，因强制形成的标配险种，一直以来都是财产险第一大险种。

二、我国保险业体量与银行业的差距分析

由于对风险的看法等原因，对于多数中国人来说，保险并不具有强需求。反观存款、贷款、支付结算等银行主营业务，需求较为刚

性，注定了国内银行业的强势地位。

为何保险科技创新慢于银行科技创新？固然有银行发展较好、资金实力更高、对科技投入支持水平更好、人才聚集度更高、互联网化和科技化起步较早等原因，还有一个原因与需求刚性相关：由于客户对保险的需求刚性不足，保险公司长期处于弱势的乙方角色位置，需要强有力的营销驱动进行支撑。长期以来便形成了渠道代理、佣金返费等线下的非标准化操作。而银行业务多数较为刚性，长期处于强势地位，银行拥有更多资本和话语权要求客户适配其产品，从而使银行业务更加标准化。线上化、科技化的前提条件便是产品标准统一且足够透明，这便注定了银行科技创新难度更小，要打破、清除的固有流程和利益难度更大。

三、信保业务的定位

经过十余年发展，我国信保业形成了以融资性保证险占主导地位的行业格局。客户投保融资性保证险的目的是获取贷款，因此信保业务必须绑定银行放贷功能才能形成商业闭环，而银行贷款却不一定要绑定信保业务，长期以来的业务合作中银行便在合作中把握了主动权和更高的话语权。

整体来看，随着线上信贷新模式不断冲击传统信贷模式，市场主导权逐渐集中到"资方"和"流量方"，担保增信、大数据风控、技术服务、支付与鉴权、催收等参与主体逐渐沦为流量方和资方的附庸，议价能力被不断削弱。

以线上消费贷市场为例，市场主要利润越发向两方势力集中，一方是以银行为代表的资金方，另一方则是以大型互联网公司为代表的流量方。优质客户群体基本被银行低价收割，市场终端价格控制在11%—14%（最优质客群在大型银行体系内闭环，价格更低至4%—7%）。我们之前推算过对客价格为14%的各环节利润空间，在扣除资金、支付、数据、流量响应成本后，风险溢价利润空间只剩下1—3.9个百分点。其他参与主体的利润空间被压缩在了4个百分点之内。

如果对客价格继续降低，则首先压榨的是处于弱势的三方参与机构。在此情形下，信保机构很难挤进11%以下的存量优质客群市场，只能瞄准相对银行自营客群更为次级的客群。

2020年8月20日《最高人民法院关于审理民间借贷案件适用法律若干问题的规定》和2020年11月9日《最高人民法院关于新民间借贷司法解释适用范围问题的批复》已明确，"借贷利率上限为四倍LPR"的限制只针对民间借贷，不适用于银行、信用保证险、消费金融公司等金融牌照主体，甚至不适用于小贷公司、保理等七类地方金融组织。但自此以后，所有放贷类金融机构的贷款利率全面限制在24%以内，个人信贷"新两线三段"监管格局已经重新确立。

在当前市场格局和业务模式下，个人消费类融资性保证险业务将对客价格控制在4倍LPR以内将很难保证足够的利润空间，信保业进入"向风控要效益"的 2.0 竞争阶段。

利润空间的获取与机构在全流程中的业务话语权息息相关。在当前市场环境下，线上风控技术已经不再是市场稀缺能力，单纯依靠风控能力来获取超高收益的日子已经一去不返。机构必须充分利用好自身优势，掌握更多的业务话语权，这需要信保机构长期扎根某一领域场景，精耕细作，培育品牌优势和竞争优势。

第十节　资方选择与战略合作

融资性信用保证保险必须绑定放贷机构才能形成放贷闭环，因此，选择合适的放贷机构是信保机构的必修课。

一、保持敏感的市场触角

有风控能力的资方始终是稀缺的，总有对某一领域感兴趣但缺少风控能力的低成本资方，而为这些资方提供可控风险手段是信保的商业本质和存在的现实基础。另外，不同资方在风控尺度、放款体验、资产规模供给、目标客群选择等方面差别较大，一家资方无法满足信保设计的对所有客群的产品体验标准。因此，在目标客群定位、资金成本、风控尺度等方面对接多家优劣互补的资方是信保部门的必然选择。这需要建立一支熟悉线上信贷资方市场且拥有高层资源的商务团队，有能力协调双方的风控、IT、客户运营和催收团队充分拉齐信息，管理好资方预期，协调处理各类突发事件。

二、选定战略合作资方

在信用保证险越发主动作为、占据产品线主导的情况下，信保机构越发需要统筹各业务环节和参与主体，凑齐整个信贷链条，因此选择一个或几个配合度高、资金成本合意、风控理念相投的战略合作资方显得尤为重要。同时，与资方深度捆绑也有利于提升信保机构竞争力和业务话语权，既有资金又有风控的信贷解决方案是市场中最为稀缺的资源。

战略资方的选择与合作是信保机构甚至是保险公司的"一把手工程"，需要撬动双方高层领导资源充分互动，加深认知，便于开展全方位合作。

战略资方可选择类型主要有银行、消费金融公司、信托公司等。出于资金价格、品牌合作加持等方面考虑，各类型银行是主要的选择对象。银行又分为六大国有银行、股份制银行、城商行、农商行和各类民营银行。

国有银行品牌知名度高、资金成本低、资金实力雄厚，自然是好的合作伙伴，但是国有银行同样具有信息研发与对接效率低、风控独立且合作意识差等缺点，这些缺点往往会成为阻碍深入合作的核心痛点问题。因此，与国有银行深度战略合作的难度较大，周期较长，需要具备足够的耐心。

受银保监会限制对城商行和农商行异地跨区线上信贷规模压降的政策影响，与城商行的合作只能限定在特定地区，需要对接多家城商行方能拼凑出线上放贷的"全国版图"；股份制银行和互联网银行兼具优势、灵活开放的风控理念以及较好的信息技术对接效率，是信保机构的优先选择项。

三、时刻拉齐风控、产品认知

从合作目标看，首先，要争取较高的银行同业授信额度以及较低的合作资金成本，这是信保业务展业的基础与竞争力的重要体现。其次，要全面对齐信保产品形态，确定每款产品与银行的合作分工及风险分担比例，最好是调配双方资源形成合力，共同拓展市场。

在合作过程中，信保机构要始终保持与银行授信审批部或其他产品风控部门的顺畅沟通，保持一致的风险尺度和把控力度。如果双方风险审批是串行关系，那么要努力拉齐双方风险认知，确保银行有更高的审批通过率，这对于优化客户体验、避免浪费流量资源至关重要。最好的情况是双方能够合建联合风控实验室，实现一次审批，双方认可，最大限度地提高审批通过率，同时也可以大幅节约数据查询成本，优化产品流程。

第十一节　线上信贷技术与总部直营

我国的线上信贷和量化风控技术的早期商业应用最早可追溯到 2006 年，一些具有海外背景的 P2P 机构和互联网公司从美国引入这一技术。虽然后来 P2P 出清并彻底退出历史舞台，但线上信贷技术和量化风控经过十余年的实践应用已日益成熟，并且已被广泛接受：银行等金融机构纷纷成立网上银行、数据管理等部门，加快应用该技术，并不断推出完全基于线上操作和量化风控的信贷产品，互联网贷款规模在持牌机构大规模运用下每年保持 10% 左右的增速。

互联网企业对新技术的应用速度快于传统金融机构，与其总部直营和扁平化的组织方式不无关系。线上信贷技术一定是"产品化"的，是围绕一个具体的产品或服务，通过创新运用新技术和线上化手段，不断打磨产品体验，不断挖掘其对客户的价值提升。过程中需要重构传统生产组织方式并发挥前中后台的一致合力作用，尤其是形成目标一致的考核激励手段，尽量减少跨部门间的资源内耗。因此，互联网公司中往往将传统职能的部门人员打散，以风控组、商务组、产品组、运营组等小组方式拼凑组成一个大的产品项目组。项目组一荣俱荣，一损俱损，失败就解散并重新组队。长期的实践证明了这是更符合互联网打法和线上产品形态的组织方式。

2022 年 6 月 8 日，中国工商银行运行 10 年的融 e 购个人商城项目下架，导致这一互联网产品失败的原因有很多，但组织机构不支持互联网式运营创新可能是其中较为根本的原因。缺少了产品层面的不断打磨，产品丰富度不断下降，或在某一细分市场中未建立价格或物流的竞争优势，在互联网马太效应压力下，其结局早已注定。

我国当前信保业的展业和风控方式还是以人工和线下审核为主，由于大量信贷流量来自分支公司，风控决策较为倚重线下和人工审核的状态没有发生根本性改变，此举固然可以压实责任，但弊端同样明显：一是分支公司重视程度和风控能力不一导致展业规模参差不齐，业务分散且不容易形成规模；二是风控手段以传统方式为主，难以发挥线上风控高效、低成本优势，不易沉淀大数据量化风控能力；三是总部统筹力度不足，不掌握底层资产真实风险情况，容易导致系统风险。

综上分析，我们认为信保业务的规模发展必然要走总部直营道路，强化总部在产品设计、客群选择与准入、展业方式、统一风控与最终决策、贷后催收等信贷全流程的统筹和主导作用，分支公司则定位于直营获客、线下催收及部分业务的或有风控初审。

鉴于信保业务 2.0 与其他险种在产品逻辑与流程设计、资金与流量商务对接、保前保后量化风控、理赔催收等环节区别较大，为高效满足市场需求，保险公司至少应在上述方面建立专业运营团队闭环运行。如果改革得更彻底一些，可参考直销银行事业部运行机制，设立独立的技术研发与运维团队甚至电网销团队，实施单独的成本利润核算与更为直接的绩效考核与奖惩激励，绩效兑现考虑风险延后因素进行延后发放。

第十二节　线下团队管理

我国的信保业经过 20 余年的坎坷成长,似乎进入了发展的"瓶颈期"。在多数保险公司持续依靠海量"线下团队"营销展业的当下,"人均产能"成为阻碍行业规模上台阶的最大障碍。尤其在全面呼吁降低居民和企业负债成本的大环境下,终端借款利率一降再降,作为距离风险最近的信保机构首当其冲承受压力,倒逼保险公司对"线下人海战术"进行重新反思。

在很多数字化、线上化程度不高的行业,由于在获客展业和风控尽调环节中的关键作用,线下团队依然无可替代。信保机构要在越来越薄的利润空间中存活,势必要对线下团队的管理方式进行改革,以提质增效,应对挑战。

通过对各类信贷组织线下团队管理方法及创新方向的调研分析,我们向大家展示出新一代类信贷组织线下团队管理的应有之貌,并对其组织机制、运行原则以及配套设置展开详细分析。

一、组织架构设计

类信贷机构的组织架构,大致可分为三大类:以传统银行为代表的"总—分—支"式梯次管理架构,以互联网信贷平台为代表的"总部单点式"管理架构和介于二者之间的"总部一拖多"扁平式管理架构。

选择何种组织方式本质上与信贷产品的展业和风控方式息息相关。

传统银行的信贷业务之所以采用"总—分—支"式梯次管理架构，排除历史传承等因素外，根本原因是银行的贷款产品种类丰富，主要由网点支行对公客户经理进行客户营销与触达、信贷材料收集、信贷台账建立等操作，并主要依靠分支行公司部信贷员、信贷管理人员的信贷经验进行人工判断（信贷审批中系统刚性控制也占很大比重，但只能进行准入控制和作为判断依据，无法识别个性化风险并提供最终结论），并通过有权审批人或贷审会等风险决策机制给出最终审批意见。

当展业和风控主要依托线下人工时，总部只能下放经营和风控管理权限，否则会出现"既让马跑，不喂马食"的错误循环。因此，银行必须选择逐级授权的"总—分—支"组织架构，充分发挥基层单位的工作动能和专业素质，进而推动业务发展和风险管控。为了不发生系统风险，银行为不同层级经营机构设定了不同的贷款审批权限，并通过严格的专业线条规定和内控管理防范内部员工道德风险和操作风险。因此，逐级授权和内控管理是"总—分—支"组织架构的必要配置，也是由信贷产品的展业和风控方式决定的。

再看互联网信贷平台，由于信贷产品主要为消费贷，借款人均是从线上导流而来，所有的信贷操作均由借款人或营销人员在线上操作，风控完全由三方大数据为基础的量化风控决定，信贷的全生命周期管理均可以依托互联网完成，没必要建立线下团队进行信贷流程操作和风险管控，因此选择"总部单点式"管理架构便理所当然。无疑，"总部单点式"管理架构可以更好地控制风险，提高运营效率，提升客户体验。

线下团队意味着巨大的成本支出。以国内某知名农贷机构为例，2018年年底贷款余额90亿元，共有员工4 970人，覆盖313个县级行政区域，30天以上逾期率为1.04%。其单位价格模型如下：平均对客价格在20%左右，刨除7%的资金成本，利差空间约为13%。其中，坏账与计提等约为1.5%，利润约为2.7%，管理成本＋系统支出＋线上运营费用约为2%，可以推算出其线下团队为主的运营成本接近7%，占到整体营业收入的三分之一以上。倒推估算，该机构全年人员成本约6亿元，人均年收入约12.6万元。

线下团队管理意味着高昂的管理成本以及较高的内部操作风险，实在不是信贷经营的首选。之所以选用这一方式，一定存在纯线上、中心式组织架构无法解决的业务问题。比如，客户来源不单纯是线上互联网流量，而是需要客户经理通过社会关系或面对面营销获得；客户的贷款申请或是一些申请材料是纸质的，需要客户经理手动输入移至线上；一些风控信息和线索需要客户经理线下收集甚至是感性评价；客户逾期时须由客户经理提醒和上门催收。

我国当前的信贷市场，受制于多数行业的数字化程度不高和数字产业化在新法律框架下的实操挑战，适应完全线上化的信贷产品种类很少，只有"小额、分散"的消费贷和少数互联网涉足的供应链金融产品能够做到。因此在多数行业，尤其是监管关注的三农金融和涉及各行业的中小微企业贷款领域，尚需要线下团队解决信贷管理过程中的关键问题。而"总—分—支"式梯次管理架构架构的运行成本又过高，因此，"总部—拖多"扁平式管理架构应运而生。

作为传统"总—分—支"式梯次管理架构的升级版本，"总部—拖多"扁平式管理架构具有更高的组织效率和更灵敏的运行机制，弥补了单纯线上化组织方式应对展业和风控时的能力不足，最大化节约了线下团队管理成本，是最符合当下的类信贷业务组织方式，在广大传统行业的数字化和金融普惠化进程中拥有广阔应用空间。

"总部—拖多"扁平式管理架构的核心内容是：通过重塑信贷流程，尽可能将风险识别与控制规则化、线上化、集中化，减少人工审贷比重；通过大数据、线上化手段尽量减少线下团队人工操作，削减分支机构层级和数量，最小化聚焦分支机构至必要职责，最大化发挥线下团队对互联网手段的补充作用，实现最佳的成本控制。

二、"IPC+信贷工厂"的信贷管理方法

重塑信贷流程一定意味着信贷管理方法的变革，与扁平式信贷管理架构相匹配的当属最先进的"IPC+信贷工厂"信贷管理方法。

IPC技术起源于德国，核心内容是实地调查、交叉验证和财务报表还原：通过现场调查和面谈提问的方式收集客户信息，通过账本、发票、

存货等信息的逐一核对和交叉验证确认真实性，通过还原企业或个人财务报表评估借款人可支配收入、负债和还款能力并最终给出审贷意见。

信贷工厂模式来源于淡马锡，核心要义是将贷前流程按照"流水线"作业方式进行标准化批量操作，提升每个操作环节的标准化和专业度，最终提升贷前审批效率。

由于两种方法各有优缺点，我国信贷行业经过多年实践沉淀逐渐摸索出一条两种方法结合的发展路径：利用 IPC 技术核验客户经理尽调信息的真实性，借鉴信贷工厂流程化、标准化操作模式将信贷员/客户经理、初级审贷员、远程审批中心的操作及成果物标准化，根据行业和信贷产品特点提炼风控规则和风控模型，降低人工终审和模糊、感性审批方式的比重，大幅提高审贷线上化率和自动化率。

此时的线下团队只保留最核心职能：线下营销获客和标准化尽调，上收风控审批功能至远程审批中心和系统，实现风控决策集中化、规则化、自动化。

这样做又会带来一个新问题，不同行业经营规律、资金运作和风险表现差异较大，"总—分—支"式梯次管理架构是通过培养分支机构信贷人员的专业度予以解决（一个成熟的信贷员要经过长年累月的经验积累，具备各行各业的风控能力，属实不易），而主张自动审批的"IPC+信贷工厂"模式却无法提炼出适用各行业的通用化审批规则。符合客观规律的务实做法是针对具有同样本质与表现的风险类型，按照独有风控逻辑构建起针对性的信贷管理流程。因此，"IPC+信贷工厂"

的信贷管理方法一定是分行业、分客群、分产品的，一定要遵循"产品为纲"的经营理念。

在设计信贷产品时，可以从类信贷机构熟悉的客群切入，也可以从可控的行业或场景切入。在做具体判断时应优先考虑两个因素：客户资源及展业的方便性能够有效建立独有客群或大幅降低获客成本，风险的认知与可控程度能够有效防范风险并控制在一定水平内。其次，再考虑业务天花板、产品定位定价、产品流程设计与IT实现、营销展业打法、资方意向与资金成本等因素。为何优先考虑这两个因素？因为在当下的信贷业务中，获客和风控占据了成本中的最大部分，是类信贷机构竞争力差异的主要表现方面，决定了信贷产品的成败与行业竞争力。

三、线下团队的岗位设计

如上文分析，新架构下的线下机构职能将集中于营销获客和标准化尽调，人员应尽量精简化、高效组织化。涉及的核心岗位有三：信贷员/客户经理、审贷员/督导员和分支机构负责人。其他工作最好综合至一个岗位：综合后勤岗。

（一）信贷员/客户经理

信贷员/客户经理是分支机构的基层业务人员，主要对业务发展负责，向分支机构负责人单线汇报工作。其考核由固定部分和灵活部分共同组成：固定部分是总公司整体制定的规则性考核指标及奖惩计划，灵活部分由分支机构负责人按照灵活性和个性化工作予以评价或奖惩分配。为了业务的健康发展以及防范道德风险，其考核中同样应包含逾期等风险指标的惩罚性条款。如逾期5天（含）以内的，不予扣罚；超过5天的，按照逾期贷款本金余额的一定比例进行扣罚；每笔逾期贷款的扣罚设置上限，事后催回的，予以返回。为了促进其长期行端守正，有些机构还推出"诚信基金"计划，在每人创造的利润中再拿出一块进行单独、延期奖励。

其职责如下：

（1）向客户介绍、宣传贷款产品，策划并开展适合所负责项目区的市场营销活动，拓展新客户，维护老客户，提高产品和机构的知名度；

（2）对贷款客户及相关人员进行贷前培训；接受、受理客户的贷款申请，并进行初步筛选；开展实地客户调查，收集并核实客户的经营及家庭信息；

（3）根据对客户现场调查的内容，进行客户财务和非财务分析，向审贷员/督导员提交调查表和其他必备辅助材料；

（4）对通过审批的贷款申请，按照公司规定完成相关手续；进行贷款的发放和回收，完成相关表单、票据的填制、录入、交接；

（5）负责贷后回访和贷款回收，落实贷款用途调查任务；监督客户的每期还款情况，及时上报影响客户后续还款的重大变故；

（6）分支机构负责人交办的其他工作。

信贷员/客户经理的任职资格主要应强调候选人的开拓精神及抗压能力，强调较强的市场营销与客户拓展能力，较强的所在地区专业相关领域的社会资源。在此之前，必须对其自身品德和道德水平进行重点了解与调研，不能有不良嗜好、扭曲价值观以及性格和品行瑕疵；应具备一定的文字和计算机操作能力，对于营销能力较强的，可以适当降低学历等门槛要求。

（二）审贷员/督导员

审贷员/督导员是风控部下派至分支机构的负责人，主要对风险暴露及其处置、信贷调查及相关操作的合规性和完整性负责，是分支机构的风险安全之锚。

为兼顾安全与发展，可在其绩效考核中设置一定比例的营销或发展指标，但由于其首要任务是风险管控，因此其考核中的主要比例应放在风险及安全指标之上。当然，安全与发展就像跷跷板的两端，其辩证关系存在动态调整，具体比例孰高孰低或调高调低，取决于分支机构的发展阶段、所处地区风险暴露水平及其他影响因素。

汇报线上，应与考核中的结构设计保持一致，采取双线汇报制：既向分支机构负责人（分支机构负责人同样也是兼顾发展与安全指标的核心岗位）汇报，也向风控部专业线条上级部门或岗位汇报。在向风控部及合规部门汇报时,审贷员/督导员拥有实名举报以及直接报告权。风控部应实行固定例会制定期听取审贷员/督导员的有关分支机构风控及合规汇报。上级风控部门和分支机构负责人按照调整确定的考核比例,分别对审贷员/督导员进行考核。

其职责如下:

(1)承担贷款初审职责,对信贷员/客户经理尽调情况进行调查和评估,审核调查材料的完整性和合规性,督导信贷员/客户经理的信贷操作的合规性和完整性,这是审贷员/督导员的核心职责,与信贷员/客户经理岗位一前一后、一外一里,共同履行"审贷分离"的信贷操作原则;

(2)在对信贷员/客户经理尽调内容进行调查与评估时,应通过逻辑判断、电话回访或实地回访等方式确认信贷员/客户经理提交材料的真实性,拒绝虚假或错误材料;通过自有信贷经验对客户潜在风险进行判断,提出个性化材料或追加调查动作要求,负责贷款项目的初步评判;

(3)参与信贷全流程督导,监测贷款质量并控制信贷风险,协助信贷员/客户经理开展逾期款的回收,负责分支机构信贷档案等资料的整理与归档;

(4)对分支机构员工进行信贷流程及相关培训,负责处理贷款客户征信查询和异议、投诉或突发事件升级处理及舆情管理等相关事务。

在任职资格方面,较之信贷员/客户经理,审贷员/督导员应具备更高的基础素养、信贷专业素质与审贷经验,比如最好是金融相关专业本科学历出身,拥有较长时间的银行信贷从业经验和专业素质,对风险的认知较高,拥有独立思考能力和独立研究与学习能力。

(三)分支机构负责人

分支机构负责人对分支机构的整体经营情况负责,主要职责包括:

(1)负责分支机构的日常管理工作,确保机构的正常运营;

(2)充分盘活各方面资源,服务于营销拓展工作,确保新增业务完成度,通过个性化服务提高存量客户满意度;

(3)为分支机构资产质量负总责,秉持审慎思路识别和处置贷款风险,努力化解、压降已暴露风险;

(4)营造积极向上的组织氛围,管理手段因人施策,能够调动每位员工的工作积极性与主动性,保持团队的健康、良性运行;

(5)公正、公平地管理授权范围内的考核、费用等事宜,鼓励在总公司考核办法基础上制定独立考核方法,通过规则化、可预见、可量化之管理手段提高管理公平性、公正性和客观性;

确保团队稳定向上、防范内部道德风险的有效手段是家访制度。分支机构负责人或审贷员/督导员按季度对信贷员/客户经理进行家访,分支机构负责人每半年对全体员工进行家访和廉洁谈话,家访的重点是与员工亲属、家人建立直接联系,了解审贷员/督导员和信贷员

/ 客户经理的思想动态、工作业务状态、家庭及经济状态、社会关系等的变化情况，对异常情况进行体检接入，防范员工的道德风险与操作风险。

四、提升能力与保持活力的配套措施

一个充满活力的组织机制一定充分激发了人才活力，而激发人才活力的途径无他，唯有：薪酬、晋升、组织氛围。组织氛围比较复杂，且不同企业差异较大，吸引的人群类型也因企而异，在此不多讨论。

薪酬水平长期来看决定了组织团队的人员素质水平，在一个分支机构的所属地区，具有竞争力的薪酬水平 + 优胜劣汰的人才调整机制 = 优于同业的线下团队。更进一步，素质更高、能力更强的线下团队，加之合理的方向引导很大程度上决定了线下发展的客群质量与线下业务的优良程度。

因此，薪酬水平和薪酬机制是人才建设的基础，一个企业若要打造较高素质的线下团队，就要保证具有竞争力的薪酬基础水平。关于基础薪酬水平的确定可以以当地同业收入水平为锚进行调整，或以既定地区薪酬水平辅以当地人均收入水平浮动比例进行调整。

职位晋升同样重要，它是一个企业调动员工工作主动性、发掘和激励核心骨干的重要手段。我们应致力于让每个人拥有同等的上升机会,而不是打击一批,扶植一批,搞零和博弈。上升意味着希望,希望会激发主动性并带来动力。

因此,为了达到通过"职位"留下"核心骨干"的目的,最好建立职务晋升和专业序列晋升两个晋升通道,以满足不同类型人员的晋升之路。职务晋升较好理解,比如在上述三个核心岗位的晋升通道上,可以设置"信贷员/客户经理——审贷员/督导员——分支机构负责人/上级机构风控审核岗"的晋升通路。分支机构在初设时可能晋升的岗位较少,这时除了新设分支机构之外,还有必要设置专业序列晋升通道。

在信保机构线下团队建设过程中,鉴于主要人员为信贷专业人员,因此可在信贷审核审批方向建立专业晋升序列,将审贷员/督导员划分为:初级、中级、高级甚至更高级别。不同级别对应不同的审批权限,也可对应不同的底薪标准,可以有权进入不同级别的审贷委员会、不同等级的培训和交流机会。专业序列的晋升可以与从业时间、工作风险表现、培训和考试结果挂钩。

职位晋升应有一套公平的竞聘机制,竞聘应以"公开考评为主,推荐考察为辅"。具体来说,可供晋升的职位中,应拿出大多数职位邀请符合条件的候选人公开竞聘,并保留一小部分职位为分支机构负责人留出推荐机会。

为什么这么做?因为毕竟不是所有人都是考试型选手,不擅长竞聘考试的核心骨干中可能有兢兢业业、长期承担重任的,可能有资源雄厚的，还可能有业绩突出的，应为这些骨干成员留有晋升机会。

公开考评可以采取"考试+面试"的方式全方位评估候选人的专业能力、职位胜任度，形式可多样化，内容可因企而异。需要强调的是，考评结果的反馈工作是多数机构容易忽视的一环。犹如体检的结果反馈一样，考评的结果反馈应是针对性的、个性化的，能够指出候选人在同水平人群中的所处位置、能力短板、知识缺陷或工作问题所在，为其未来成长明确目标。不带结果反馈的考评失去至少一半的价值，而带反馈的考评会对竞聘设计者的设计公平性、科学性、严谨度提出挑战，应统筹谋划，精心设计。

推荐考察则需干部考察组一事一议的考察与评估，重点评估候选人对机构的重要性以及推荐人的话语权以及理由的充分性。由于缺乏明确标准，公平性容易受到质疑，推荐考察不易作为常规手段且不易宣传。用在专业序列晋升之中会更合理，要严格控制职务晋升中推荐考察的数量。

培训是提升员工专业技能和企业留人的有效手段，对于类信贷机构的意义重大。对于信贷相关岗位，专业培训应该是强制的、定期的，可以采取学分制，并配套一定的激励与惩罚措施；培训内容围绕公司信贷制度、宏观和行业经济形势判断、企业经营特点、典型好坏客户特征、信贷产品设计逻辑和宣传要点、尽调手册、风险的发现与识别、内控案防政策、廉洁从业要点等展开；培训形式包括远程线上题库、线上学习资料园地或网络大学、企发文件汇编、下班讲座直播以及线下脱产培训等。

培训中应时刻鼓励员工主动学习和分享，比如鼓励员工主动报送学习心得、尽调收获、风险排查经验、风险识别操作等。我们的做法是，编写公司内刊，将内刊作为培训更新内容的发布载体和竞聘题库选材出处定期发布，其中设置独立栏目择优刊登员工发表的文章或录制的音视频；鼓励各级分支机构成立信贷兴趣小组，鼓励兴趣小组并要求各级审贷会定期开展学习讨论会，并将学习讨论内容提供给内刊取材。

人才梯度建设是确保团队稳定的经验做法。在一个分支机构的人员组成上，应注重拥有社会资源的社会招聘人员以及拥有较好发展潜力的应届大学生的统筹结合，同时建立核心岗位后备人才档案。

一个分支机构的核心骨干人员主要由分支机构负责人、审贷员/督导员和重点信贷员/客户经理组成，这些人员掌握了分支机构的重点客户资源、社会资源和展业、风控方法论，是分支机构稳定运行的基石，应保持相对稳定。

一个好的方法是有意培养核心骨干岗位的后备人才，建立整个公司的核心岗位后备人才库，在日常工作中有意地提供其上层岗位的培养和体验机会，与日常考核评定、培训与考试等情况统筹结合，共同构成人才培养机制。

参考文献

［1］中国保险年鉴社. 中国保险年鉴2020［M］. 北京：中国保险年鉴社，2020.

［2］李玉泉. 保险法［M］. 北京：法律出版社，2003：48-86.

［3］邹海林. 保险法［M］. 北京：社会科学文献出版社，2017：56-97.

［4］李淑娟. 保险学［M］. 北京：中国人民大学出版社，2021：145-147.

［5］许崇苗. 保险法原理及疑难案例解析［M］. 北京：法律出版社，2011：89-95.

［6］杨农，刘绪光. 保险机构数字化转型实践与策略［M］. 北京：清华大学出版社，2022：46-74.

［7］罗熹. 信用保险词典：第1版［M］. 北京：中国金融出版社，2015：56-58，9-97，284-291.

［8］王和. 保险的未来［M］. 北京：中信出版社，2021:87-95.

［9］王庆云，汪洋. 公域引流，私域运营：这样经营用户关系［M］. 北京：燕山出版社，2021：187-196.

［10］周玉坤. 出口信用保险理论与实务［M］. 北京：中国金融出版社，2020：398-420.

［11］曾鸣. 信用保证保险研究［M］. 上海：上海财经大学出版社，2009：23-27，38-45，96-98，167-169.

［12］刘丹. 农户视角下的中国二元金融结构研究［M］. 北京：经济管理出版社，2019：76-89.

［13］巴伦一. 信贷全流程风险管理［M］. 北京：北京联合出版公司，2018：248-250.

［14］徐远，陈靖. 数字金融的底层逻辑［M］. 北京：中国人民大学出版社，2019：289-292.

［15］何华平. 一本书看透信贷：信贷业务全流程深度剖析［M］. 北京：机械工业出版社，2018：169-192.

［16］宋涛. 中国汽车融资租赁行业发展蓝皮书［M］. 北京：机械工业出版社，2020：35-37.

［17］京东数字科技研究院. 数字金融：数字科技创造金融服务新价值［M］. 北京：中信出版社，2019：69-73.

［18］吴跃. 中国金融不良资产市场调查报告2022［M］. 北京：中国金融出版社，2022：365 372.

［19］毕马威华振会计师事务所. 融资性信保业务：行业生态、内外挑战与应对策略［R］，北京：毕马威华振会计师事务所，2020.

［20］众安金融科技研究院. 融资性信用保证保险行业发展白皮书［R］，上海：众安金融科技研究院，2019.

［21］东吴证券研究所. 从陆金所三季报看数字金融产业近况［R］，上海：东吴证券研究所，2020.

［22］中泰证券研究所. 金融科技深度对比：陆金所的商业模式［R］，上海：中泰证券研究所，2020.

［23］李利，许崇苗. 对保证保险内涵的探析［J］. 保险理论与实践，2008（8）：92-97.

［24］谢菁，赵泽皓，关伟. 我国保证保险发展现状、困境与优化建议研究

[J]．金融理论与实践，2022（6）：83-88.

[25]周瑞珏．信用保证保险"名""实"之辩——信用保证保险座谈会综述[J]．保险理论与实践，2020（12）：146-152.

[26]庹国柱．信用保证保险概念与分类之质疑[J]．上海保险，2002（4）：44-47.

[27]雷萌，方超．国际信用保证保险市场介绍[J]．保险研究，2014（5）：34-37.

[28]李文中．信用保险、保证保险和保证之间的关系[J]．上海保险，2007（12）：52-55.

[29]蒋昭昆．信用保证保险：行业的"增长点"还是"引爆点"[J]．保险理论与实践，2020（7）：96-101.

[30]管程程．保证保险的保险性探析[J]．知识经济，2012（12）：86-87.

[31]邓晓梅，潘奕光．工程保证保险的特殊性及其监管建议[J]．金融理论与实践，2020（11）：99-101.

[32]何绍慰．我国工程合同保证保险制度存在的主要问题及解决途径[J]．上海保险，2008（6）：25-28.

[33]张薇，蒙建波，王光曦．银行保函在工程招投标领域中的应用[J]．中国招标，2021（1）：85-87.

[34]梁文涛．建设工程履约保函风险研究——以福建省国有投资项目为例[J]．福建建材，2021（5）：93-95.

[35]张福乾，王嘉琪．保证保险对保函业务的挑战及应对策略[J]．中国外汇，2022（7）：56-58.

[36]章添香．建筑工程合同保证保险制度研究[D]．对外经济贸易大学，2015.5：15-31.54-66.